LES MÉTIERS DE L'INFORMATIQUE

SOMMAIRE

Décryptage

REPORTAGE

Pour mieux vous repérer, consultez le mode d'emploi p. 4.

MÉTIERS

ÉTUDES

Les repères

Les filières

Mon parcours

EMPLOI

Mes débuts

GUIDE PRATIQUE

MODE D'EMPLOI

Pour vous aider à naviguer dans ce « Parcours ».

MÉTIERS

15 pros racontent leur métier.

Pour aller plus loin, des rubriques :
- *Quel salaire ?*
- *Ça recrute ?*
- *Quels débuts ?*
- *Quelles études ?*

Info salaire p. 142

MÉTIERS ADMINISTRATION ET EXPLOITATION

INGÉNIEUR SYSTÈMES

« L'objectif est d'améliorer le quotidien de l'utilisateur sur le long terme. »

Après une expérience en tant que consultant, Alexandre a été recruté par le Crédit Agricole. Il fait partie d'une équipe de 14 ingénieurs qui interviennent soit sur les postes de travail mobiles (smartphones, tablettes), soit, comme Alexandre, sur les postes de travail fixes (micro-ordinateurs).

Tout inventer. « Ma première mission au Crédit Agricole avait pour cadre la migration des différents systèmes informatiques des caisses régionales vers un système unique. Mon rôle consistait à faire évoluer les postes de travail en vue d'automatiser la mise à jour des systèmes d'exploitation. Pas simple, car cela concerne 100 000 postes informatiques sur toute la France ! Il a fallu tout inventer. » Un défi qui renforçait encore sa motivation.

Anticiper les évolutions. Au sein de son équipe, Alexandre travaille sur des projets : « L'objectif est d'améliorer le quotidien de l'utilisateur sur le long terme. Pour faire évoluer ou améliorer le système, il faut parfois ajouter de nouvelles fonctionnalités ou corriger des dysfonctionnements. J'aime l'aspect très technique de ce métier. »

Gérer les imprévus. Une petite partie de son temps est consacrée à la résolution de problèmes. « En informatique, un problème est un incident qui n'a pas de solution ! » plaisante-t-il en repensant à une mise à jour du navigateur Google Chrome qui a saturé le réseau. « Il a fallu tout décortiquer pour comprendre comment fonctionne l'application et identifier l'origine du bug. » Pour gérer ce type de crise, Alexandre travaille au contact des utilisateurs et en collaboration avec toute l'équipe. L'intervention doit être rapide pour que les salariés du groupe ne soient pas bloqués dans leur travail.

Alexandre Foulquier, expert systèmes distribués au Crédit Agricole

Quel salaire ?

De 2 200 à 2 600 € net par mois pour un débutant (source : cabinet PageGroup, 2016).

Ça recrute ?

Déjà bien implantée dans les grandes entreprises, la fonction gagne les PME grâce notamment au développement du e-commerce et des appareils mobiles (tablettes, smartphones, etc.) de plus en plus utilisés par les salariés. De belles perspectives pour les experts systèmes.

Quels débuts ?

Cette fonction peut être confiée à un ingénieur débutant ou à un informaticien ayant acquis de l'expérience dans la fonction exploitation.

15 PROS SE RACONTENT MÉTIERS

Quelles études ?

Après le bac en 2 ou 3 ans

• Un **BTS** ou un **DUT** (en 2 ans) en informatique, réseaux et télécommunications peut être complété par une **licence professionnelle** du domaine (une année supplémentaire). Possibilité aussi de passer par une formation spécialisée. Une première expérience est souvent demandée.

Après le bac en 5 ans

• **Master** mention informatique ou réseaux et télécommunications ; diplôme d'**école d'ingénieurs** généraliste ou spécialisée en informatique ou télécommunications. Certains cursus proposent un parcours ou une dominante centrés sur l'administration des systèmes et réseaux.

Retrouvez les études pp. 70, 75, 78, 80, 83.

46 Les métiers de l'informatique I 2017 | Les métiers de l'informatique I 2017 47

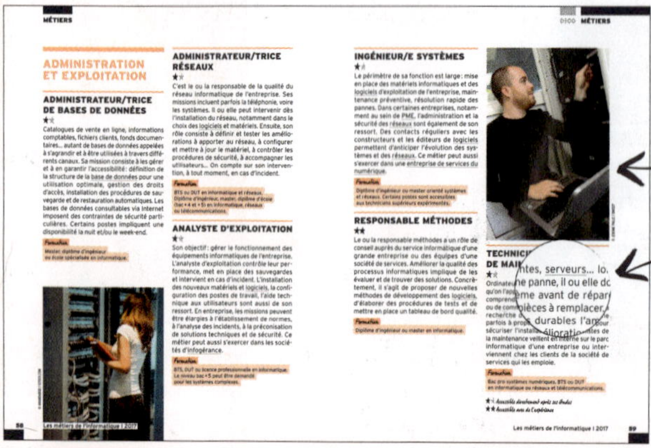

MÉTIERS

ADMINISTRATION ET EXPLOITATION

ADMINISTRATEUR/TRICE DE BASES DE DONNÉES

★☆

Catalogues de vente en ligne, informations comptables, fichiers clients, fonds documentaires... autant de bases de données appelées à s'agrandir et à être utilisées à travers différents canaux. Sa mission consiste à les gérer et à en garantir l'accessibilité : définition de la structure de la base de données pour une utilisation optimale, gestion des droits d'accès, installation des procédures de sauvegarde et de restauration automatiques. Les bases de données consultables via Internet imposent des contraintes de sécurité particulières. Certains postes impliquent une disponibilité la nuit et/ou le week-end.

Formation

Master, diplôme d'ingénieur ou école spécialisée en informatique.

ADMINISTRATEUR/TRICE RÉSEAUX

★☆

C'est le ou la responsable de la qualité du réseau informatique de l'entreprise. Ses missions incluent parfois la téléphonie, voire les systèmes. Il ou elle peut intervenir dès l'installation du réseau, notamment dans le choix des logiciels et matériels. Ensuite, son rôle consiste à définir et tester les améliorations à apporter au réseau, à configurer et mettre à jour le matériel, à contrôler les procédures de sécurité, à accompagner les utilisateurs... On compte sur son intervention, à tout moment, en cas d'incident.

Formation

BTS ou DUT en informatique et réseaux. Diplôme d'ingénieur, master, diplôme d'école (bac + 4 et + 5) en informatique, réseaux ou télécommunications.

ANALYSTE D'EXPLOITATION

★☆

Son objectif : gérer le fonctionnement des équipements informatiques de l'entreprise. L'analyste d'exploitation contrôle leur performance, met en place des sauvegardes et intervient en cas d'incident. L'installation des nouveaux matériels et logiciels, la configuration des postes de travail, l'aide technique aux utilisateurs sont aussi de son ressort. En entreprise, les missions peuvent être élargies à l'établissement de normes, à l'analyse des incidents, à la préconisation de solutions techniques et de sécurité. Ce métier peut aussi s'exercer dans les sociétés d'infogérance.

Formation

BTS, DUT ou licence professionnelle en informatique. Le niveau bac + 5 peut être demandé pour les systèmes complexes.

INGÉNIEUR/E SYSTÈMES

★☆

Le périmètre de sa fonction est large : mise en place des matériels informatiques et des logiciels d'exploitation de l'entreprise, maintenance préventive, résolution rapide des pannes. Dans certaines entreprises, notamment au sein de PME, l'administration et la sécurité des réseaux sont également de son ressort. Des contacts réguliers avec les constructeurs et les éditeurs de logiciels permettent d'anticiper l'évolution des systèmes et des réseaux. Ce métier peut aussi s'exercer dans une entreprise de services du numérique.

Formation

Diplôme d'ingénieur ou master orienté systèmes et réseaux. Certains postes sont accessibles aux techniciens supérieurs expérimentés.

RESPONSABLE MÉTHODES

★★

Le ou la responsable méthodes a un rôle de conseil auprès du service informatique d'une grande entreprise ou des équipes d'une société de services. Améliorer la qualité des processus informatiques implique de les évaluer et de trouver des solutions. Concrètement, il s'agit de proposer de nouvelles méthodes de développement des logiciels, d'élaborer des procédures de tests et de mettre en place un tableau de bord qualité.

Formation

Diplôme d'ingénieur ou master en informatique.

TECHNICI[...] DE MAI[...]

★☆

[...]ntes, serveurs... lo[...] [...]ne panne, il ou elle d[...] [...]ème avant de répar[...] [...]pièces à remplacer[...] [...] durables l'am[...] [...]lioratio[...] [...] la maintenance veillent en interne sur le parc informatique d'une entreprise ou interviennent chez les clients de la société de services qui les emploie.

Formation

Bac pro systèmes numériques, BTS ou DUT en informatique ou réseaux et télécommunications.

★☆ Accessible directement après ses études
★★ Accessible avec de l'expérience

58 Les métiers de l'informatique I 2017 | Les métiers de l'informatique I 2017 59

Par familles, de A à Z, tous les métiers du secteur en fiches synthétiques.

Les mots soulignés et les sigles sont expliqués dans le lexique pp. 140-141.

ÉTUDES

Pour chaque filière, l'essentiel à connaître.

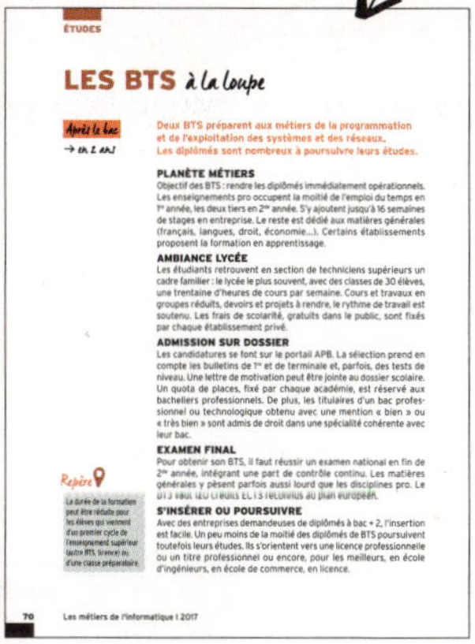

ÉTUDES

LES BTS *à la loupe*

Après le bac
→ *en 2 ans*

Deux BTS préparent aux métiers de la programmation et de l'exploitation des systèmes et des réseaux. Les diplômés sont nombreux à poursuivre leurs études.

PLANÈTE MÉTIERS
Objectif des BTS : rendre les diplômés immédiatement opérationnels. Les enseignements pro occupent la moitié de l'emploi du temps en 1re année, les deux tiers en 2e année. S'y ajoutent jusqu'à 16 semaines de stages en entreprise. Le reste est dédié aux matières générales (français, langues, droit, économie...). Certains établissements proposent la formation en apprentissage.

AMBIANCE LYCÉE
Les étudiants retrouvent en section de techniciens supérieurs un cadre familier : le lycée le plus souvent, avec des classes de 30 élèves, une trentaine d'heures de cours par semaine. Cours et travaux en groupes réduits, devoirs et projets à rendre, le rythme de travail est soutenu. Les frais de scolarité, gratuits dans le public, sont fixés par chaque établissement privé.

ADMISSION SUR DOSSIER
Les candidatures se font sur le portail APB. La sélection prend en compte les bulletins de 1re et de terminale et, parfois, des tests de niveau. Une lettre de motivation peut être jointe au dossier scolaire. Un quota de places, fixé par chaque académie, est réservé aux bacheliers professionnels. De plus, les titulaires d'un bac professionnel ou technologique obtenu avec une mention « bien » ou « très bien » sont admis de droit dans une spécialité cohérente avec leur bac.

EXAMEN FINAL
Pour obtenir son BTS, il faut réussir un examen national en fin de 2e année, intégrant une part de contrôle continu. Les matières générales y pèsent parfois aussi lourd que les disciplines pro. Le BTS vaut 120 crédits ECTS reconnus au plan européen.

S'INSÉRER OU POURSUIVRE
Avec des entreprises demandeuses de diplômés à bac + 2, l'insertion est facile. Un peu moins de la moitié des diplômés de BTS poursuivent toutefois leurs études. Ils s'orientent vers une licence professionnelle ou un titre professionnel ou encore, pour les meilleurs, en école d'ingénieurs, en école de commerce, en licence.

Repère
La durée de la formation peut être réduite pour les élèves qui viennent d'un premier cycle de l'enseignement supérieur (autre BTS, licence) ou d'une classe préparatoire.

70 Les métiers de l'informatique I 2017

Avec nos réponses aux questions les plus fréquentes, des fiches diplômes et des témoignages.

EMPLOI

le panorama des employeurs et les perspectives du recrutement dans ce secteur.

GUIDE PRATIQUE

- *Le carnet d'adresses avec la géolocalisation des formations ;*
- *lexique ;*
- *index.*

LE SECTEUR EN BREF

Du robot industriel au système de pilotage automatique d'un avion, les logiciels s'occupent de tout. Tour d'horizon d'un secteur qui n'a pas fini de bouleverser notre quotidien.

Le cloud

Le *cloud computing* permet à une entreprise de stocker et de traiter ses données en utilisant des serveurs distants et le réseau Internet : un travail commencé sur un ordinateur peut être poursuivi sur un mobile ou une tablette.

L'informatique de gestion

Commandes, facturation, paie des salariés, trésorerie : depuis longtemps, les entreprises ont informatisé ces opérations. Grâce aux logiciels de logistique, l'achat des matières premières, les stocks, les livraisons sont gérés par l'informatique. Et les logiciels de gestion de la relation client offrent des outils au marketing.

L'informatique industrielle

Les logiciels de CAO (conception assistée par ordinateur) sont une aide précieuse pour concevoir des bâtiments ou des produits de haute technologie. D'autres logiciels assurent le pilotage des chaînes de fabrication. Quant à l'informatique embarquée, elle commande des systèmes complexes (avionique, armement...), mais aussi les objets connectés du quotidien (*smartphones*, cartes à puce...).

→ ***Les métiers du Web,*** 2015.
→ ***Les métiers du jeu vidéo,*** 2015.
→ ***Les métiers de l'électronique et de la robotique,*** 2015.

L'informatique scientifique et technique

Étudier les séismes, prévoir l'évolution des marchés financiers, identifier le traitement auquel un patient est susceptible de bien répondre… associée aux mathématiques, à la statistique et à d'autres sciences, l'informatique permet de faire des calculs complexes, de simuler des hypothèses de recherche et de faire des prédictions.

L'informatique décisionnelle

Une entreprise va lancer une campagne promotionnelle : pour bien identifier ses cibles potentielles, elle peut analyser les données commerciales issues de son système d'information. On parle de *business intelligence*.

La data science

Les masses de données (*big data*) stockées par les entreprises ou circulant sur le Web sont une mine d'informations pour les sociétés commerciales, les banques, la recherche médicale… À condition qu'elles soient structurées et analysées en vue d'établir des prévisions. C'est l'enjeu de la *data science*, qui utilise des outils informatiques spécialisés.

La réalité virtuelle et les systèmes intelligents

C'est le domaine des systèmes complexes : robots, véhicules autonomes, simulation d'activités industrielles ou médicales, jeux vidéo… Ces applications font appel à des spécialistes de l'informatique graphique et de l'interaction homme-machine.

UNE JOURNÉE CHEZ CAPGEMINI À SURESNES (92)

CAP SUR LE CONSEIL INFORMATIQUE

Photos : Mehrak

Le groupe Capgemini compte parmi les leaders mondiaux du conseil et des services informatiques aux entreprises. Il emploie 23 000 professionnels en France, dont la moitié en Ile-de-France. À Suresnes, un espace de travail, le « Lab'innovation », concentre près de 200 produits novateurs (logiciels, objets connectés...) créés par des *start-up* et adaptés par les informaticiens de Capgemini aux besoins des entreprises. Plus de 150 consultants y conçoivent des solutions sur mesure pour les clients, réalisent des prototypes d'applications en quelques semaines, avant de les développer plus en détail. Immersion dans cet univers numérique où les projets sont jalonnés de rencontres avec les clients.

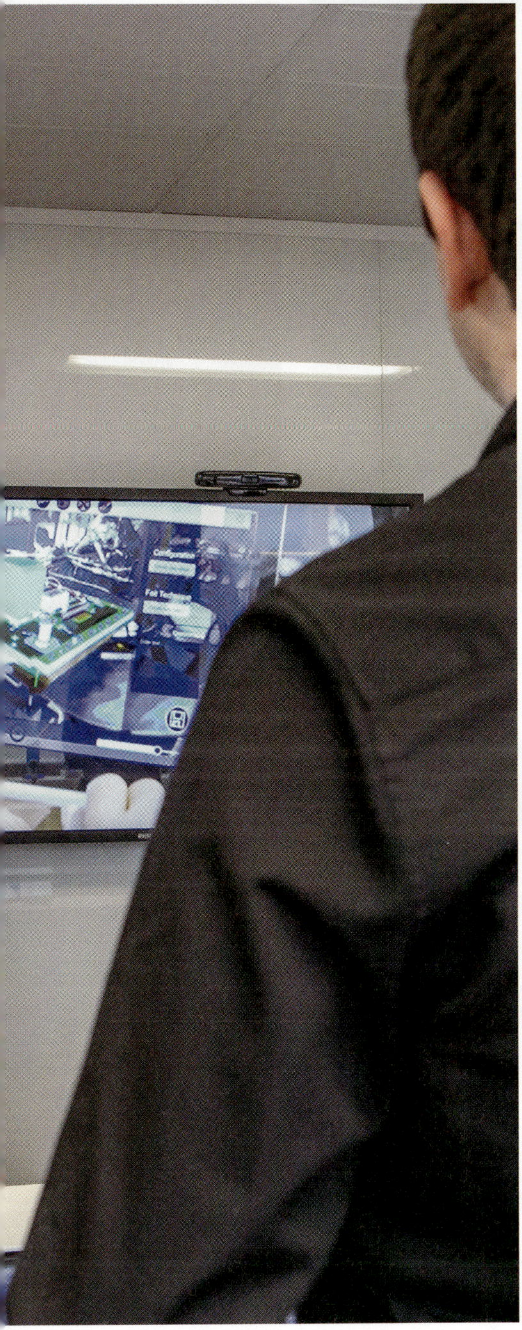

MÉTHODES AGILES

« Nous suivons une méthode de travail dite "agile", explique **Mikael, directeur de l'innovation**. *Par exemple, avant de lancer une application, nous développons un prototype en 6 semaines. À chaque étape, nous consultons le client pour enrichir le développement. »*
Ce coordonnateur gère deux à trois projets en même temps. Ce matin, réunion avec une équipe de développeurs sur une application en cours de développement pour une entreprise du secteur spatial qui souhaite que le montage des satellites soit réalisé plus facilement. L'application permet de remplacer des centaines de documents par une vidéo indiquant l'emplacement de chaque élément du satellite. C'est de la réalité augmentée : des images virtuelles se superposent à l'image réelle. *« Suite à des tests, le client nous a signalé un problème de visualisation sur la tablette. »* Problème de graphisme ou de données ? L'équipe se concerte. ■

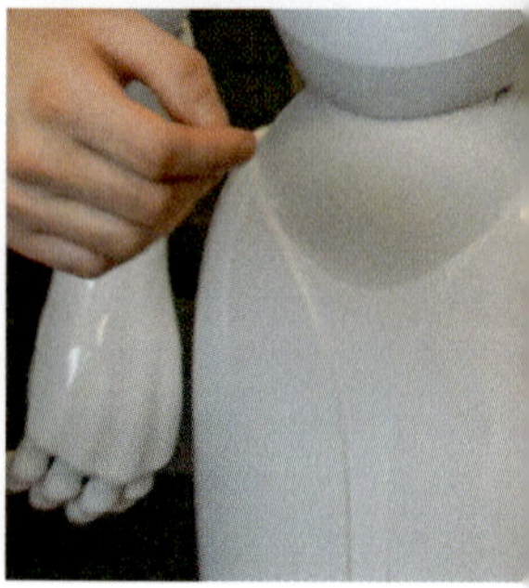

DÉVELOPPEMENT D'APPLICATIONS

Dans un espace dédié aux prototypes, **deux ingénieurs développement, Paul et Alexandre**, ont 6 à 8 semaines pour réaliser chacun une application. Ils intègrent celle-ci dans un robot programmable, en fonction des usages que les entreprises clientes souhaitent faire de ce robot humanoïde : orienter le public ou danser avec les clients, selon la demande d'une enseigne de magasin de vêtements. Une autre équipe réalise un système d'information pour un groupe spécialisé dans les services aux entreprises : applications de facturation, de gestion de la relation clients, de production, etc. Parmi les 35 informaticiens participant au projet, des consultants fonctionnels recueillent les besoins des différentes entreprises du groupe et rédigent un cahier des charges. Dans le jargon métier, on parle de spécifications. À partir de ce document, une quinzaine de développeurs codent et configurent le système d'information. *« Tous les matins, nous échangeons sur l'état d'avancement des tâches et sur les difficultés que chacun rencontre »*, observe **Gisèle, ingénieure.**

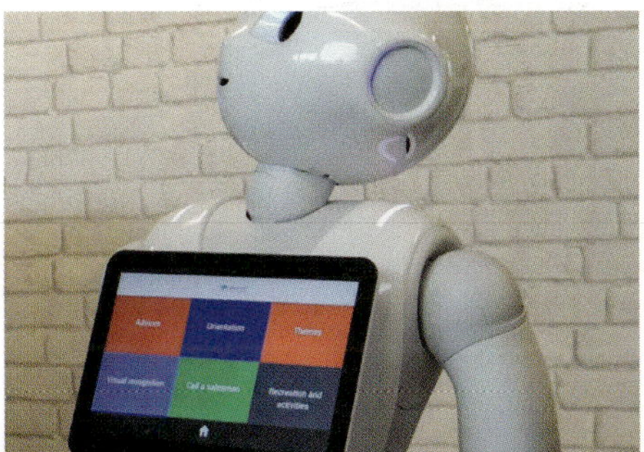

RÉUNIONS D'ÉTAPE

Après environ un an et demi de réalisation, le système d'information est prêt à être déployé dans les différentes entités du groupe à l'international. **Carolina, directrice du projet**, et **Kilani, responsable avant-vente**, rencontrent les chefs de projet côté client. L'un d'eux participe à la réunion par visioconférence, en direct de Singapour. Le planning de déploiement est donc présenté en anglais. *« Je vais animer une réunion de lancement la semaine prochaine à Madrid*, explique Carolina. *Le déploiement total durera de 2 à 3 ans, car il faut intégrer les contraintes de chaque entreprise des 23 pays. Un tel défi ne peut être relevé qu'en travaillant en équipe, dans un esprit de solidarité. C'est ce qui me plaît dans ma fonction de manager. »* Après l'Espagne, direction l'Inde, pour rencontrer d'autres consultants de Capgemini qui renforceront l'équipe du projet. ■

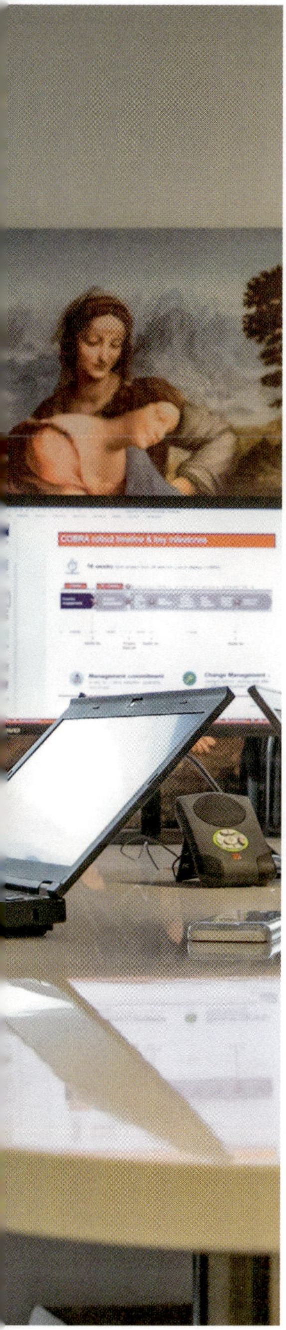
COBRA rollout timeline & key milestones

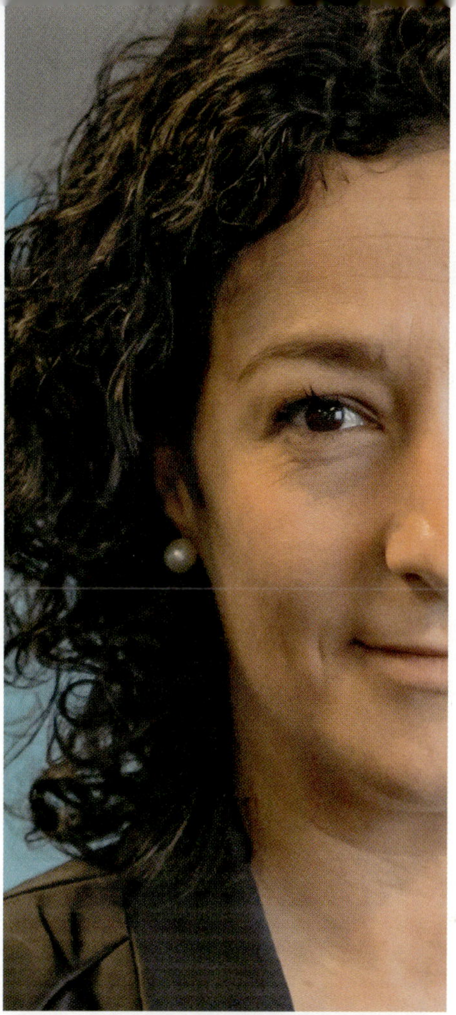

Users
Amine Alaoui
Guillaume Vandenbussche
Julien Facon
Ludovic Theretz
Nicolas Todesco

RETOUR CLIENT

Dans un espace agencé comme un salon, une autre visioconférence est en cours avec les équipes de Capgemini installées au Maroc. Ces consultants ont développé des applications pour une entreprise de transport de marchandises. Des informaticiens de cette société discutent avec eux des améliorations en cours. *« L'objectif est de faire évoluer le système d'information qui permet d'établir nos plans de transport, de suivre les expéditions, de gérer les stocks de marchandises en entrepôts,* explique une représentante de l'entreprise cliente. *Les consultants gèrent aussi nos serveurs, les bases de données cloud, l'architecture et l'urbanisation du système d'information…* » Animée par des agents méthodes de Capgemini, aux côtés de **Sébastien, directeur de projet**, cette réunion vise aussi à évaluer la satisfaction du client. *« Nous recueillons ses attentes en vue de faire évoluer les applications et la qualité de nos services. »* ■

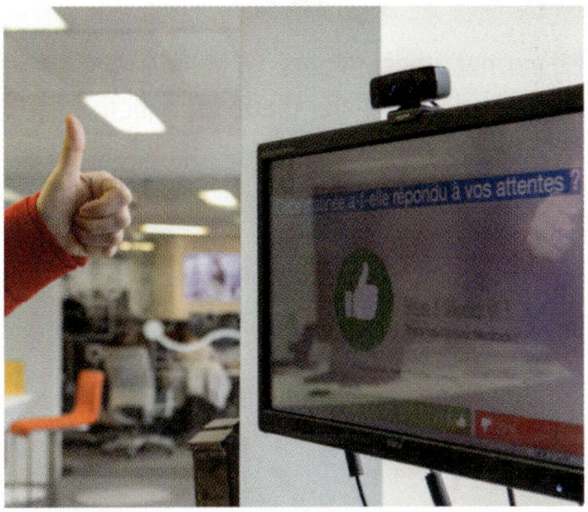

MÉTIERS

LES MÉTIERS EN 4 FAMILLES

De la conception d'une application à sa commercialisation en passant par le développement ou la vérification de son bon fonctionnement, une trentaine de spécialistes de l'informatique interviennent aux différentes étapes.

CONSEIL ET EXPERTISE

Les conseils de ces professionnels sont indispensables pour concevoir ou faire évoluer un système d'information en toute sécurité. Connaissant les évolutions techniques les plus récentes, ils exercent le plus souvent dans les entreprises du numérique et les sociétés de conseil.

- **Auditeur/trice de systèmes d'information**
- **Consultant/e *big data***
- **Consultant/e *cloud computing***
- **Consultant/e en green IT**
- **Consultant/e informatique**
- **Spécialiste en sécurité informatique**

ÉTUDES ET DÉVELOPPEMENT

Création d'un logiciel pour téléphones portables ou d'applications pour l'avionique, optimisation du système d'information d'une banque... tous les projets informatiques et de télécommunications impliquent une phase de conception, suivie de son développement. Des travaux généralement réalisés par une équipe de développeurs et d'ingénieurs. La dernière étape consiste à tester et à mettre en place le système.

- **Architecte d'applications mobiles**
- **Architecte de systèmes d'information**
- **Architecte web**
- **Bio-informaticien/ne**
- **Chef/fe de projet**
- **Développeur/euse**
- **Géomaticien/ne**
- **Ingénieur/e développement logiciel**
- **Ingénieur/e en informatique embarquée**
- **Ingénieur/e réalité virtuelle**
- **Intégrateur/trice d'applications**
- **Testeur/euse**
- **Webmaster technique**

ADMINISTRATION ET EXPLOITATION

Le bon fonctionnement des systèmes d'information et des réseaux d'une entreprise repose sur ces ingénieurs et techniciens. Des activités qui peuvent être soit réalisées en interne au sein du service informatique de l'entreprise, soit confiées, en tout ou partie, à une entreprise de services du numérique.

- **Administrateur/trice de bases de données**
- **Administrateur/trice de réseaux**
- **Analyste d'exploitation**
- **Ingénieur/e systèmes**
- **Responsable méthodes**
- **Technicien/ne de maintenance**
- **Technicien/ne en informatique industrielle**
- **Technicien/ne de réseaux**

COMMERCIAL ET SUPPORT TECHNIQUE

Qu'ils proposent des services ou du matériel informatique ou de télécommunications, les commerciaux ont le même objectif : décrocher des contrats. Pour répondre au mieux aux demandes des clients, ils font appel à leur double compétence, technologique et commerciale. Quant aux professionnels du support technique, ils assurent le service après-vente ou remédient aux dysfonctionnements.

- **Ingénieur/e d'affaires**
- **Responsable du service clients**
- **Technicien/ne support aux utilisateurs**

CONSULTANT *BIG DATA*

© DR

Sydney Becu,
consultant ingénieur *big data* et *data scientist* chez Lincoln (groupe Alten)

« Mes calculs permettent de traiter des centaines de milliers de données. »

Au sein d'une entreprise de services du numérique spécialisée dans le *big data*, Sydney analyse des masses de données volumineuses pour des entreprises. Cet ingénieur statisticien utilise pour cela des méthodes informatiques, une double compétence qu'il a développée à l'Ensai*. Sa première mission a consisté à aider la Fnac à mieux comprendre l'intérêt de ses clients pour ses produits.

De sources multiples. Sydney appréhende le comportement des clients en exploitant des données issues du site Internet de l'entreprise et du Web en général. Ces dernières sont récupérées automatiquement du Web ou achetées à des sociétés. *« Il faut d'abord comprendre comment fonctionne l'extraction des données pour les exploiter au mieux. »*

Calculs de prédiction. *« Mes calculs permettent de traiter automatiquement des centaines de milliers de données. »* Et avant tout celles qui concernent les précédents achats des clients, par exemple. Sydney met en relation ces données pour repérer des modèles de comportement chez les consommateurs. *« Je conçois ensuite des algorithmes qui identifient quel produit est susceptible d'intéresser tel ou tel client. »* L'entreprise peut ainsi lui en recommander l'achat.

En temps réel. Nouvel objectif et nouvelle mission réalisée en collaboration avec un développeur : *« J'améliore actuellement un algorithme pour la SNCF. Celui-ci permet d'anticiper le temps de retard des trains en vue d'alerter les voyageurs via une application mobile. Au-delà de la demande initiale du client, notre rôle est aussi de proposer de nouvelles idées. »*

* École nationale de la statistique et de l'analyse de l'information, à Bruz (35).

Quel salaire ?

De 2300 à 3000 € net par mois pour un débutant (source : cabinet PageGroup, 2016). Cette rémunération varie selon l'expérience, la taille de l'entreprise et la région.

Ça recrute ?

Les consultants *big data* sont très recherchés par les entreprises de services du numérique et, de plus en plus, par les entreprises du secteur bancaire, de l'assurance, du e-commerce, les groupes industriels et la grande distribution.

Quels débuts ?

« Avant d'être recruté en CDI, j'ai d'abord effectué un stage de fin d'études de 6 mois dans la société où je travaille actuellement, raconte Sydney. *Beaucoup d'entreprises proposent des stages dans le domaine du* big data *qui débouchent souvent sur un emploi. »*

Quelles études ?

Après le bac en 5 ans

Ce métier requiert une double compétence en informatique et analyse statistique de données.

• Il est possible d'acquérir une spécialisation en *big data* dans le cadre d'un **master** mention informatique ou mention mathématiques et informatique appliquées aux sciences humaines et sociales (universités de Grenoble, Lyon, Nantes, Nice, Paris-Saclay, Pierre et Marie Curie, Reims…). On y accède après une licence mention informatique, mention mathématiques ou mention mathématiques et informatique appliquées aux sciences humaines et sociales.

• Des **écoles d'ingénieurs** (Ensae ParisTech, Ensai Bruz, Ensiie Évry-Strasbourg, Esaip Angers, Eseo Angers, Isen, Télécom Nancy, UTC Compiègne…) proposent également cette spécialisation en fin de cursus.

• Enfin, certaines écoles de commerce et écoles d'ingénieurs (Ensae ParisTech, Grenoble EM, Télécom ParisTech…) proposent des **mastères spécialisés** dans le domaine du *big data*. On y accède après un diplôme de niveau bac + 5.

Retrouvez les études pp. 80, 83, 86.

CONSULTANT *CLOUD COMPUTING*

© DR

Clément Marche,
consultant *cloud computing* chez Nuageo

« En travaillant chez le client, je peux établir une relation de confiance. »

Titulaire d'un master d'école de commerce en management des systèmes d'information, Clément s'est spécialisé dans le *cloud*, en école d'ingénieurs, tout en travaillant chez Nuageo. *« Au sein de ce cabinet de conseil en* cloud computing*, j'accompagne les entreprises dans l'utilisation de services informatiques externalisés : serveurs, plateformes de développement, applications hébergées sur le Web. »*

Des projets variés. Une petite imprimerie a besoin de stocker des images ? Une entreprise multinationale souhaite optimiser les ressources de son service informatique ? *« Ma mission consiste à bien appréhender les problèmes et à proposer une solution technique et fonctionnelle pertinente. Ensuite, une équipe de 3 à 10 professionnels se charge de sa mise en place. Je veille à ce que le projet soit cohérent et réponde bien aux besoins de l'entreprise. »*

À l'écoute des clients. Lorsque le service *cloud* est disponible, Clément recueille les retours d'expérience des utilisateurs de l'entreprise. Ces derniers travaillent aux services financier, marketing ou commercial. *« En travaillant chez le client, je peux établir une relation de confiance indispensable. Discuter avec les équipes en place me permet de comprendre leur ressenti. Généralement, il faut entre quelques jours et quelques semaines pour finaliser un projet. »*

Échanges professionnels. En parallèle à ces missions, Clément et ses 10 collègues animent des conférences au sein de réseaux de professionnels et utilisateurs du *cloud* : *« Je rencontre ainsi d'autres spécialistes, ce qui me permet d'être confronté à des problématiques différentes. Il est indispensable de suivre en permanence les innovations pour proposer de nouveaux projets aux clients. »*

Quel salaire ?

« De 2400 à 2800 € net par mois pour un consultant junior », précise Clément.

Ça recrute ?

Les offres d'emploi sont nombreuses, notamment en *cloud* technique, qui consiste à créer une architecture *cloud*. Les employeurs sont des sociétés de conseil, des entreprises de services du numérique, ainsi que des entreprises et des *start-up* utilisatrices du *cloud computing*.

Quels débuts ?

« Selon ses capacités personnelles, un consultant junior peut devenir consultant senior après environ 5 ans d'expérience professionnelle, explique Clément. *Il peut ensuite se spécialiser dans une solution* cloud *en particulier, ou encore dans l'infrastructure, les* logiciels, *le développement ou l'architecture* cloud. *»*

Quelles études ?

Après le bac en 5 ans

- À l'université, après une licence mention informatique, un petit nombre de **masters** proposent un parcours dédié au *cloud computing*, comme à l'université de Picardie (à Saint-Quentin).
- Dans les **écoles d'ingénieurs**, une spécialisation dans les systèmes *cloud* est proposée dans quelques établissements (Efrei, Eisti, Eseo, Esigetel, Isen…).
- Après un bac + 5, il est possible de préparer un **master spécialisé** dédié au *cloud computing* notamment, comme Clément, à l'Isep (école d'ingénieurs).

Retrouvez les études pp. 80, 83.

CONSULTANTE INFORMATIQUE

© DR

Audrey Ceyrat,
consultante informatique
chez Wavestone

« Développer des outils de travail en interaction avec les utilisateurs. »

Ingénieure en informatique et mathématiques appliquées, Audrey exerce depuis une année au sein d'une société de conseil spécialisée dans les systèmes d'information des entreprises, au département des nouvelles technologies. *« Les entreprises sont de plus en plus à la recherche d'outils de communication innovants. Je les accompagne dans le choix de solutions adaptées à leurs besoins. »*

Gestion de projet. Pour sa première mission, cette jeune consultante a repris un projet sur lequel elle a travaillé lors d'un stage de fin d'études dans cette même société de conseil : *« Une entreprise cliente désirait créer une plateforme qui regroupe les intranets de ses 300 filiales à travers le monde, et ce en y ajoutant un réseau social. En stage, j'ai coordonné le travail de trois collègues chargés de transférer les contenus des intranets sur la plateforme. Je veillais au respect des plannings et des budgets, et je rédigeais des reportings de leurs activités. »*

Former les usagers. *« Une fois recrutée, j'ai appris aux webmasters de l'entreprise, répartis dans plus de 20 pays, comment utiliser le nouvel outil. J'intervenais en anglais par visioconférence. J'ai apprécié cette mission qui a duré un an. Développer des outils de travail en interaction avec les utilisateurs, c'est justement ce qui m'a attirée vers les métiers du conseil. »*

Chez le client. Certaines missions impliquent qu'Audrey travaille à plein temps dans l'entreprise cliente. D'autres ne nécessitent sa présence que quelques jours. *« Je suis souvent en relation avec les responsables des systèmes d'information ou avec des chefs de projet. »* Tablettes, bâtiments et objets connectés... la consultante est force de proposition, seule ou au sein d'une équipe pouvant comprendre jusqu'à une dizaine de consultants.

Quel salaire ?

De 2500 à 2800 € net par mois pour un débutant, selon le diplôme et la région (source : cabinet PageGroup, 2016).

Ça recrute ?

Les offres d'emploi sont nombreuses. Les consultants sont surtout employés par des sociétés de conseil et des entreprises de services du numérique. Certains exercent en indépendants.

Quelle évolution ?

« La progression est fonction des compétences démontrées, précise Audrey. *Après 3 à 5 ans d'expérience, un consultant junior peut devenir consultant senior, et gérer trois ou quatre missions en même temps. Au bout de 7 ou 8 ans, il peut évoluer vers la fonction de manager. »*

Quelles études ?

Après le bac en 5 ans

• Différents profils sont recrutés : titulaires d'un **master** mention informatique, mention MIAGE (méthodes informatiques appliquées à la gestion), mention management des systèmes d'information ; titulaires d'un diplôme d'**école d'ingénieurs** avec une dominante informatique ; titulaires d'un diplôme d'**école de commerce** avec une spécialisation en management des systèmes d'information. Les **doubles diplômes** ingénieur et manager sont recherchés par les entreprises.

Retrouvez les études pp. 80, 83, 86.

SPÉCIALISTE EN SÉCURITÉ INFORMATIQUE

© DR

Valérie Segun,
responsable sécurité chez Retail Mobile Wallet (BNP Paribas)

« Il faut anticiper et mettre en place des mesures de sécurité à tous les niveaux. »

Prévenir les attaques informatiques et réagir lors de toute tentative d'intrusion dans le système digital, c'est le quotidien de Valérie, responsable de la sécurité chez Retail Mobile Wallet, une entité de BNP Paribas. Embauchée après des études en systèmes d'information et génie logiciel, elle a été cheffe de projet, puis architecte fonctionnelle, avant de s'orienter vers la sécurité.

Alerter et réagir. *« Actuellement, je sécurise le lancement d'une application mobile de paiement en proximité chez des commerçants. J'alerte le directeur général de l'entité dès qu'un problème se pose. »* En cas d'attaque, elle réagit immédiatement avec les équipes informatiques en suivant des procédures précises. *« Pour éviter les attaques, il faut anticiper et mettre en place des mesures de sécurité à tous les niveaux : authentification forte sur l'application, contrôles pour identifier une intrusion, contrôles plus techniques au niveau des serveurs et des infrastructures... »* Elle surveille aussi la marque sur Internet. *« Je vérifie que personne n'utilise notre marque et ne publie une application illicite. »*

Un rôle d'expert. En accord avec le chef de projet et les professionnels de l'entreprise, elle propose des mesures conciliant les coûts, la sécurité et l'expérience utilisateur. Son travail consiste aussi à sensibiliser le personnel de l'entité et à lui donner des conseils : *« De nombreux mails arrivent porteurs de virus. En cas de doute, je suis sollicitée. »*

Toujours aux nouvelles. Afin de rester opérationnelle, elle suit l'évolution du secteur. *« Tous les matins, je reçois des newsletters qui m'informent sur les attaques informatiques dans le monde, les innovations technologiques, les nouveaux règlements. »* Parfois, elle se déplace en France ou à l'étranger pour suivre des conférences. *« C'est l'occasion d'échanger avec d'autres spécialistes en sécurité informatique. »*

Quel salaire ?

De 3 900 à 5 200 € net par mois selon l'expérience et le niveau de responsabilité (source : L'Usine digitale, 2016).

Ça recrute ?

Profession relativement récente, le spécialiste en sécurité informatique est actuellement très recherché, en particulier par les grands groupes, les entreprises de services du numérique et les administrations publiques. Le recrutement s'étend de plus en plus aux entreprises de taille moyenne.

Quels débuts ?

Il est possible d'accéder à cette fonction en tant que jeune diplômé. Cependant, il faut quelques années d'expérience pour être autonome. Comme Valérie, il est possible de se former en cours d'emploi. *« J'ai suivi des formations en interne. Peu à peu, je suis montée en niveau de compétences. »*

Quelles études ?

Si la sécurité informatique fait le plus souvent appel à des diplômés de niveau bac + 5, quelques postes de préventeurs en cybersécurité sont accessibles à bac + 3. Un petit nombre de licences professionnelles proposent cette spécialisation (universités d'Aix-Marseille, de Tours...).

Après le bac en 5 ans

- À l'université, une vingtaine de **masters** proposent un parcours dédié à la sécurité des systèmes d'information ou à la cryptologie (système de protection numérique utilisant les mathématiques complexes).
- Une dizaine d'**écoles d'ingénieurs** permettent de se spécialiser en sécurité informatique (Efrei, Esiee Paris, Ensi Caen, Ensibs Bretagne-Sud, UTT Troyes...).
- Après un master ou un diplôme d'ingénieur, il est possible de préparer une thèse de **doctorat**.

Retrouvez les études pp. 80, 83.

ARCHITECTE D'APPLICATIONS MOBILES

© DR

Jérémie Fourmann,
architecte d'applications mobiles et co-fondateur de Liberty Rider

« Ajouter des fonctionnalités pour répondre aux attentes des utilisateurs. »

Jérémie est un ingénieur en électronique passionné d'informatique. Avec trois autres personnes, il a développé une application mobile qui détecte et signale les accidents de moto. *« Elle a été lancée il y a 6 mois. Depuis, nous améliorons cette première version afin de répondre aux attentes des utilisateurs, que ce soit pour simplifier l'accès au menu, corriger un bug ou ajouter des fonctionnalités. »*

Design et ergonomie. Constituée en *start-up*, l'équipe compte aujourd'hui 12 personnes. Elle a récemment créé une page de profils où les motocyclistes inscrivent leurs coordonnées et les caractéristiques de leur moto : *« Il a fallu définir comment intégrer une page à l'application, quelles informations recueillir et dans quel ordre. Nous avons, par exemple, constaté que les utilisateurs ne notent pas toujours leur numéro de téléphone quand il est demandé en fin de page. »*

Développement technique. Jérémie divise chaque nouvelle fonctionnalité en plusieurs tâches de développement, de la mise en page aux différentes façons d'interagir : appuyer sur l'écran, faire glisser... Cinq développeurs se répartissent le travail, les uns se consacrant aux smartphones sous Android, les autres à l'iPhone. *« Cela peut prendre plus de 15 jours, selon la difficulté, mais on ne s'accorde pas plus d'un mois et demi. L'objectif est de créer au moins une mise à jour par semaine, ce qui n'est pas forcément perçu par l'utilisateur. »*

Spécialiste des algorithmes. *« D'autres fonctions de confort seront testées et implantées dans l'application. En parallèle, j'améliore la détection des chutes à moto en travaillant sur l'analyse automatique des données de mouvement recueillies par le téléphone. »*

€ Quel salaire ?

La rémunération varie selon l'expérience du professionnel et la taille de l'entreprise. *« Un débutant gagne entre 1500 (en start-up), et 2500 € (pour un ingénieur développement) net par mois »*, indique Jérémie.

Ça recrute ?

« Les opportunités d'emploi dans l'application mobile sont nombreuses, que ce soit dans les groupes ou dans les start-up. » On peut exercer dans des agences spécialisées, des entreprises de services du numérique, chez des éditeurs de logiciels ou des opérateurs de téléphonie. *« Par ailleurs, beaucoup d'informaticiens se mettent à leur compte pour développer des applications mobiles, en free-lance. »*

Quels débuts ?

« Avant de passer à l'architecture mobile, il faut déjà avoir développé des applications, explique Jérémie. *Il faut compter 4 à 5 mois pour devenir un bon développeur. Sans oublier de mettre régulièrement à jour ses compétences en suivant les évolutions techniques. »*

Quelles études ?

La formation en développement d'applications mobiles est assurée à l'université, dans certaines écoles d'ingénieurs et dans des écoles spécialisées. En plus des langages informatiques classiques, il faut connaître les technologies pour applications mobiles (Android et IOS) et suivre l'évolution régulière des systèmes.

Après le bac en 2 ou 3 ans

- Le **BTS services informatiques aux organisations** option solutions logicielles et applications métiers et le **DUT informatique** peuvent être complétés par une **licence professionnelle** spécialisée dans le développement d'applications mobiles (à Calais, Clermont-Ferrand, Cergy, Lyon, Paris-Sud, Nice, Toulouse...).

Après le bac en 5 ans

- Des **masters et des diplômes d'écoles d'ingénieurs** (Eni Brest, Esipe Créteil, Polytech Nice...) sont spécialisés en informatique et applications mobiles.

Retrouvez les études pp. 70, 73, 78, 80, 83.

ARCHITECTE DE SYSTÈMES D'INFORMATION

© DR

Christophe Sperandio,
architecte d'infrastructures chez CA Technologies

« Je mets en place des outils et des procédures d'optimisation. »

Qu'ils exercent en entreprise, dans une société de conseil ou, comme Christophe, chez un éditeur de logiciels, les architectes de systèmes d'information (SI) travaillent souvent ensemble, en complémentarité.

Des responsabilités. *« Je mets en place des outils et des procédures pour optimiser le fonctionnement de systèmes d'information. »* Réalisant des missions de 3 à 6 mois, Christophe a un rôle assez proche de celui d'un consultant. Cependant, *« les logiciels ayant été développés par mon entreprise, j'ai un poids supplémentaire sur les épaules. On m'écoute davantage, mais si je fais une erreur, c'est la responsabilité de ma société que j'engage ! »*

Travailler pour l'avenir. Dès qu'un SI est un peu complexe, le recours à un architecte est indispensable. Son travail de conception nécessite d'avoir une vue d'ensemble : *« J'ai récemment mis en place un système de gestion de la performance pour les équipements réseaux d'un opérateur de téléphonie. Ce système vise à détecter d'éventuels incidents. Il a fallu redéfinir les outils, redessiner les schémas d'interconnexion des serveurs, avec leur localisation et les flux de communication entre les différents éléments. Nous travaillons pour plusieurs années. Il faut anticiper les problèmes liés à l'expansion du système et les contraintes qui n'existent pas encore »*, précise Christophe.

Bon communicant. Si, en entreprise, les architectes SI passent près de 50 % de leur temps en réunion pour comprendre les besoins et expliquer leurs solutions, Christophe n'est pas en reste : *« Je rencontre de nombreux interlocuteurs chez mes clients et je dois justifier mes décisions. »* La communication, écrite et orale, est donc importante. Pour lui, qui est appelé à travailler pour des entreprises internationales, elle se fait *« à 80 % en anglais »*.

Quel salaire ?

Entre 3 000 et 4 500 € net par mois en début de carrière, le salaire variant en fonction de l'entreprise, de l'expérience du candidat et de la localisation du poste.

Source : cabinet PageGroup, 2016.

Ça recrute ?

Cette profession se développe et le profil architecte des systèmes d'information (SI) est recherché. Les entreprises d'une certaine taille ont des équipes d'architectes spécialisés (*big data*, applications web, réseaux, systèmes…). Les employeurs privilégient les ingénieurs spécialistes d'un domaine informatique qui ont su peu à peu élargir leurs connaissances.

Quels débuts ?

Le poste d'architecte SI est rarement proposé aux jeunes diplômés. Ces derniers peuvent faire leurs armes dans une entreprise de services du numérique, en tant que consultants, ou en entreprise, comme ingénieurs systèmes et réseaux par exemple. La plupart des architectes SI ont entre 5 et 7 ans d'expérience professionnelle.

Quelles études ?

Ce métier requiert généralement une formation de niveau ingénieur.

Après le bac en 5 ans

- Les **écoles d'ingénieurs** offrant une spécialisation en informatique sont privilégiées. Plusieurs établissements (Centrale-Supélec Paris, Efrei, Grenoble INP-Ensimag, Isep Paris, Mines d'Alès, Mines de Douai, Polytech Tours…) proposent une spécialisation en architecture ou ingénierie des systèmes d'information.
- Les ingénieurs généralistes et les titulaires de **master** accèdent aussi à cette fonction. Certains masters (à Nantes, Rennes, Toulouse…) offrent une spécialisation en pilotage ou en ingénierie des systèmes d'information.

Retrouvez les études pp. 80, 83.

DÉVELOPPEUSE

© DR

Céline Lucchese,
développeuse logiciel
chez TMIC Ellipses

« Je vérifie chaque ligne de code à la recherche d'une erreur. »

Céline s'est reconvertie dans l'informatique après avoir obtenu un titre professionnel de développeur logiciel. Depuis 2 ans, elle exerce dans une société qui édite un logiciel permettant à des libraires de gérer leur activité : *« Au sein d'une équipe de cinq développeurs, j'ai participé pendant un an à la refonte de ce programme. L'objectif était notamment de rénover l'affichage en utilisant un autre langage de programmation. »*

La création. *« En partant des besoins des libraires, nous avons redéfini les différentes fonctionnalités du logiciel (gestion des stocks, envoi des commandes, encaissement...) et choisi la manière dont on les visualise à l'écran (emplacement des boutons, affichage des données). »* Chaque développeur programme ensuite une fonctionnalité.

Du code au clic. *« À partir d'algorithmes, j'écris du code en langage informatique. Cela, afin de créer l'application qui permettra d'extraire et d'afficher les prix des articles ou les données clients de la librairie. Je teste ensuite la fonctionnalité, avant de la faire valider par le chef de projet. »*

Chercher l'erreur. Le nouveau logiciel est commercialisé depuis un an. Tout problème d'utilisation est signalé à Céline et à ses collègues. La requête d'un libraire n'aboutit pas correctement ? La développeuse recherche d'où vient le dysfonctionnement. *« J'aime "mener l'enquête". Le plus difficile est de reproduire le bug. Ensuite, je vérifie chaque ligne de code pour repérer l'erreur. »* Tout en gérant les urgences, Céline améliore la rapidité du temps de réponse du logiciel et développe de nouvelles fonctions. Et cela en étant toujours à l'écoute des besoins des libraires.

Quel salaire ?

De 1500 à 2500 € net par mois pour un débutant. Cette rémunération varie en fonction des langages informatiques exigés pour le poste, mais aussi de la taille et de la localisation de l'entreprise.

Source : cabinet PageGroup, 2016.

Ça recrute ?

Les entreprises de services du numérique et les éditeurs de logiciels offrent de nombreux postes de développeur. Selon l'Opiiec (Observatoire paritaire de l'informatique, de l'ingénierie, des études et du conseil), il s'agit même d'un métier en tension. Les développeurs qui savent coder pour les applications mobiles sont notamment très recherchés.

Quelle évolution ?

Après plusieurs années d'expérience, un développeur peut accéder au poste de chef de projet et encadrer une équipe de développeurs.

Quelles études ?

Après le bac en 2 ou 3 ans

- Préparés en 2 ans, le **BTS services informatiques aux organisations** option solutions logicielles et applications métiers et le **DUT informatique** forment au métier de développeur. Ces diplômes peuvent être complétés, en une année, par une **licence professionnelle** spécialisée dans le développement d'applications informatiques.
- Des cursus de formation sont aussi proposés par des **écoles spécialisées**, notamment au sein du réseau La Grande École du numérique. Il existe un titre professionnel développeur logiciel, de niveau bac + 2, préparé notamment au sein de l'Afpa (Association pour la formation professionnelle des adultes).

Retrouvez les études pp. 70, 73, 78, 88.

INGÉNIEUR DÉVELOPPEMENT LOGICIEL

© DR

Régis Roudil,
ingénieur développement logiciel, manager chez Capgemini

« Il faut d'abord comprendre à quoi sert l'application. »

Après un premier emploi dans une ESN (entreprise de services du numérique), Régis a continué à travailler sur le même projet, mais au sein d'une autre ESN où son expertise lui a permis de progresser dans ses missions : *« Il s'agissait de faire évoluer une application informatique pour un fournisseur d'électricité. Celle-ci permettait de mettre en relation des comptes clients avec les données du service commercial de l'entreprise. »*

Appréhender le système. *« Il faut d'abord comprendre à quoi sert l'application, puis identifier comment elle est reliée avec d'autres au sein du système d'information de l'entreprise. »* Un cahier de spécifications sert ensuite de support. Dans ce document, un responsable fonctionnel a décrit les modifications à apporter à l'application pour répondre aux besoins de l'entreprise : supprimer une offre commerciale en ligne, par exemple.

Modifier les codes. En tant qu'ingénieur développement, Régis a répercuté ces changements sur les logiciels. *« J'ai reprogrammé l'interface clients et les applications liées, telles que la facturation. Puis j'ai testé et vérifié que les changements étaient bien effectifs. »* Après validation par le responsable, Régis a assuré le suivi opérationnel.

Chef de projet. 8 mois plus tard, ce même projet a été repris par l'ESN où Régis travaille actuellement. Grâce à son expérience, il est d'abord devenu responsable technique d'une équipe de quatre développeurs, puis manager. Aujourd'hui, il encadre une dizaine de personnes sur un tout autre projet, en aéronautique. *« Gestion des plannings et des budgets, management d'équipes... ces missions m'intéressaient dès mes études »*, affirme Régis, qui a suivi un cursus MIAGE (méthodes informatiques appliquées à la gestion des entreprises) après un DUT informatique.

Quel salaire ?

La rémunération varie selon le diplôme, la taille de l'entreprise et la région. *« Un consultant développeur débutant gagne en moyenne 2500 € net par mois »*, indique Régis.

Ça recrute ?

Beaucoup de postes attendent de jeunes diplômés. Les offres émanent en premier lieu des entreprises de services du numérique, mais aussi des sociétés éditrices de logiciels et de toute entreprise ayant besoin de compétences au sein d'une équipe de recherche et de développement ou d'un service informatique.

Quelle évolution ?

« Après 2 à 3 ans d'expérience dans le développement logiciel, explique Régis. *Il est possible de devenir responsable technique. Cela consiste à accompagner le client dans ses choix techniques et à encadrer une équipe projet. »*

Quelles études ?

Après le bac en 5 ans

• Les **masters** d'informatique et les **écoles d'ingénieurs** offrant une spécialisation en informatique préparent à ce métier. Certaines de ces formations proposent une spécialisation en génie logiciel ou en développement de logiciels. Les jeunes diplômés doivent maîtriser différents outils de développement, connaître plusieurs langages de programmation et systèmes d'exploitation.

Retrouvez les études pp. 80, 83.

INGÉNIEUR EN INFORMATIQUE EMBARQUÉE

© DR

Clément Léger,
Ingénieur logiciel embarqué chez Kalray

« Il m'est arrivé de faire de la soudure pour tester un circuit ! »

« Les logiciels embarqués, que l'on trouve par exemple dans les objets connectés, ont modifié nos modes de vie », constate Clément. Travaillant notamment sur la voiture autonome de demain, ses collègues et lui font en sorte que leur logiciel puisse calculer en temps réel les données de capteurs extérieurs tels que caméras et radars : *« Chaque jour, je m'efforce de trouver des solutions pour améliorer le logiciel développé par ma société. »*

Un large panel de compétences. *« Nos fortes contraintes en termes d'espace, de mouvement et de consommation, nous obligent à être créatifs. Il faut parfois réécrire des logiciels »*, explique Clément. La pratique l'emporte sur la théorie : *« Une bonne connaissance du matériel est indispensable pour que nos logiciels s'y intègrent parfaitement. Au sein de notre laboratoire, nous pouvons examiner les circuits électroniques et travailler sur les cartes. Il m'est arrivé de faire de la soudure pour tester un circuit ! »*

Équipes pluridisciplinaires. Responsable de la partie logicielle d'un projet, Clément a analysé les besoins du client. Puis, il a défini l'architecture du logiciel avant de commander les éléments qui le composent aux équipes concernées : *« Je gère la réalisation du projet et fais respecter les plannings. Les échanges sont nombreux avec les différentes équipes qui sont pluridisciplinaires. »* Avoir une vision globale des interactions entre logiciels et matériels est indispensable.

Des résultats concrets. L'informatique embarquée est un domaine complexe qui exige beaucoup de rigueur. *« C'est aussi un milieu de passionnés*, souligne Clément. *Mon entreprise est la seule en France à faire un processeur avec 256 cœurs (unités de calcul). Cela permet, par exemple, d'encoder de la vidéo en temps réel ou d'accélérer la simulation de réseaux de neurones. Des avancées qui pourraient révolutionner certains métiers ! »*

Quel salaire ?

De 2200 à 2800 € net par mois pour un jeune ingénieur, selon Clément. La rareté des spécialistes des systèmes embarqués contribue à élever le niveau de rémunération.

Ça recrute ?

L'informatique embarquée est un secteur porteur. Les jeunes diplômés n'ont guère de difficultés pour trouver un emploi, notamment dans les *start-up*, qui sont nombreuses dans ce domaine. Les diplômés sont recrutés pour 42 % par les industriels, 23 % par les éditeurs de logiciels et 17 % par les sociétés d'ingénierie.

Quels débuts ?

Au fil de leur expérience, les ingénieurs en informatique embarquée prennent la responsabilité de projets et d'équipes de plus en plus importants.

Quelles études ?

La spécialisation dans les systèmes embarqués s'acquiert dans le cadre de masters universitaires ou d'écoles d'ingénieurs. Une formation spécifique systèmes et logiciels embarqués n'est cependant pas toujours nécessaire. Les entreprises recrutent souvent des ingénieurs généralistes option informatique ou électronique, ou encore orientés métiers (aéronautique, automobile, énergie...).

Après le bac en 5 ou 8 ans

- À l'université, après une **licence mention informatique** (en 3 ans), plusieurs **masters** (2 années supplémentaires) proposent un parcours en informatique des systèmes embarqués ou en logiciels embarqués.
- Dans les **écoles d'ingénieurs**, la spécialisation dans les systèmes embarqués s'acquiert en 1 à 3 ans selon les cursus (EIDD Paris, Eseo, Esiee Paris, Grenoble INP Ensimag, Polytech Paris, UTBM...).
- Après un master ou un diplôme d'ingénieur, il est possible de préparer une thèse de **doctorat** (bac + 8).

Retrouvez les études pp. 80, 83.

INGÉNIEUR RÉALITÉ VIRTUELLE

© BRUNOARNALDI

Guillaume Claude,
ingénieur de recherche à l'Irisa[2]

« Il faut être curieux et "branché" nouvelles technologies. »

Affecté par l'Insa[1] de Rennes à l'Irisa[2], laboratoire de recherche public, Guillaume participe, au sein de l'équipe « Hybrid », à la conception d'une application de réalité virtuelle. Elle permettra aux neurochirurgiens et aux personnels de bloc opératoire de s'entraîner à des opérations rares ou difficiles sur un patient virtuel.

Partir du réel. Si le bloc opératoire a été reconstitué fidèlement, des éléments virtuels ont également été introduits. Ceux-ci ont pour but de simuler l'activité du chirurgien, des infirmiers… « *Nous n'inventons pas un univers comme dans les jeux vidéo*, explique Guillaume. *Nous partons du réel, grâce à des vidéos réalisées en bloc opératoire.* » De fait, le personnel hospitalier valide chaque avancée du projet.

Chercher une solution. « *Le cœur de ma mission est de décrire tout ce qui compose l'environnement (objets, lumière…) et son fonctionnement. Je m'appuie sur des données médicales que je prends en compte pour la modélisation.* » Ensuite, la méthode est la même pour tous les chercheurs : identifier un problème, voir ce qui a été fait pour le résoudre ailleurs et, si rien n'existe, chercher une solution inédite.

Communiquer. « *La réalité virtuelle étant une science appliquée, il est important de rendre public ce que l'on a trouvé afin de prouver que ça fonctionne !* » explique Guillaume. Une pratique différente du secteur privé où les ingénieurs réalité virtuelle partagent rarement leurs découvertes : celles-ci peuvent en effet permettre à leur entreprise de se démarquer des autres. « *Dans un laboratoire de recherche, il faut être très autonome pour identifier des pistes à explorer. En entreprise, chaque opération doit être réalisée dans le temps fixé* », résume Guillaume.

1. Institut national des sciences appliquées.

2. Institut de recherche en informatique et systèmes aléatoires.

Quel salaire ?

Environ 1600 € net par mois dans le secteur public.

Source : ministère de l'Éducation nationale.

Ça recrute ?

Domaine en forte croissance, la réalité virtuelle touche maintenant de nombreux secteurs : médecine, architecture, transports, énergie, etc. Si, faute de crédits, il est parfois difficile d'obtenir un CDI dans la recherche publique, les ingénieurs réalité virtuelle sont aussi recrutés par les entreprises, de la *start-up* aux groupes tels qu'EDF, Renault, ou la SNCF, par exemple.

Quels débuts ?

Les débutants se voient généralement confier la programmation d'applications. Après quelques années, ils peuvent prendre la responsabilité d'une équipe ou d'un projet.

Quelles études ?

Après le bac en 5 ou 8 ans

- Plusieurs **masters** (universités d'Évry, Paris-Saclay, Pierre et Marie Curie...) et **écoles d'ingénieurs** (Polytech Marseille, ENI Brest, Ensiie Évry, Efrei, UTBM...) offrent une spécialisation dans la réalité virtuelle et/ou la réalité augmentée et les systèmes intelligents. Il est ensuite possible de préparer une thèse de **doctorat** (bac+8).

Retrouvez les études pp. 80, 83.

ADMINISTRATEUR DE RÉSEAUX

© DR

Guillaume Lhioreau, administrateur de réseaux chez AG2R La Mondiale

« Un domaine à la croisée de la téléphonie, d'Internet et de la messagerie. »

Après sa dernière année d'école d'ingénieurs en apprentissage chez l'assureur AG2R La Mondiale, Guillaume y a été recruté en CDI : *« Mon poste est très intéressant car il me permet de toucher à différents domaines du numérique. Être au cœur de la machine est gratifiant mais exige beaucoup de rigueur et de connaissances techniques. »*

Vision d'ensemble. Durant son apprentissage, Guillaume a eu le temps d'acquérir une vision d'ensemble des équipements sur lesquels il est amené à intervenir. *« Cette connaissance en profondeur est indispensable. Le réseau est un domaine très technique, à la croisée de la téléphonie, d'Internet et de la messagerie. Il faut être capable de répondre aux demandes et de résoudre les problèmes qui peuvent se poser »*, explique-t-il.

Faire évoluer le réseau. Au sein d'une équipe de cinq personnes, Guillaume est chargé d'administrer des équipements : *« Il s'agit de configurer les routeurs et les commutateurs qui permettent de connecter les ordinateurs entre eux, notamment lorsque nous accueillons de nouveaux serveurs ou que nous basculons vers de nouveaux équipements. »* C'est un travail à la fois organisationnel et concret. *« Je ne suis pas en contact direct avec les 11 000 utilisateurs du groupe, mais avec les techniciens qui réalisent sur place les modifications que nous leur demandons. »*

Partager son expertise. Les réseaux d'entreprises sont exposés à des risques : *« Il faut être minutieux : une erreur de câblage dans la salle des serveurs, par exemple, peut avoir de lourdes conséquences. »* Il est également indispensable de communiquer clairement avec les techniciens et de tout consigner par écrit : *« Nous rédigeons des documents techniques afin de partager notre expertise et la connaissance des outils que l'on met en place. »*

€ Quel salaire ?

De 2000 à 2300 € net par mois pour un jeune diplômé. Après 2 à 5 ans d'ancienneté, son salaire pourra atteindre 2600 €.

Source : cabinet PageGroup, 2016.

Ça recrute ?

Ayant toutes besoin d'un réseau informatique fiable, les entreprises sont friandes de jeunes diplômés spécialisés dans ce domaine.

Quels débuts ?

« On débute souvent en appliquant des procédures, en effectuant le branchement de câbles, en installant des équipements dans des armoires », explique Guillaume. Ces tâches sont généralement confiées à des techniciens de niveau bac + 2 ou + 3. De leur côté, les ingénieurs évoluent plus rapidement. Selon la taille de l'entreprise, l'administrateur de réseaux est plus ou moins polyvalent.

Quelles études ?

Les administrateurs de réseaux ont généralement suivi une formation de niveau bac + 5. Il est possible d'être recruté en tant que technicien de réseaux après un bac + 2 ou bac + 3 et d'accéder à un poste d'administrateur après plusieurs années d'expérience.

Après le bac en 2 ou 3 ans

- Plusieurs formations de niveau bac + 2 ciblent les réseaux : le BTS services informatiques aux organisations option solutions d'infrastructure, systèmes et réseaux ; le BTS systèmes numériques option informatique et réseaux ; le DUT réseaux et télécommunications.
- Ces diplômes peuvent être complétés par une **licence professionnelle** (une année supplémentaire) métiers des réseaux informatiques et télécommunications ou métiers de l'informatique : administration et sécurité des systèmes.

Après le bac en 5 ans

- Une spécialisation en réseaux et télécommunications ou sécurité des réseaux peut être acquise dans le cadre de **diplômes d'ingénieur** ou de **masters**.

Retrouvez les études pp. 70, 73, 78, 80, 83.

ANALYSTE D'EXPLOITATION

© DR

Delphine Blanvillain,
responsable de service chez Matmut

« Un bon analyste doit avoir du recul, mais aussi aller dans le détail. »

Responsable d'une équipe de cinq analystes d'exploitation au sein de l'assureur mutualiste Matmut, qui compte 5 900 collaborateurs en France et 200 professionnels pour les SI (systèmes d'information), Delphine connaît bien le métier : elle y consacre 50 % de son temps, le reste étant dédié au management.

Aide à la conception. *« Ayant une vue d'ensemble sur le SI, nous avons souvent un rôle de conseil auprès des développeurs dès qu'il faut modifier des applications ou en créer »*, explique Delphine. Ensuite, les analystes reçoivent les dossiers d'exploitation qui contiennent les demandes des équipes de développement : *« À nous de trouver comment les mettre en œuvre. Un bon analyste doit avoir du recul, mais aussi aller dans le détail. »*

Planification. De fait, les analystes d'exploitation sont chargés de créer, intégrer et planifier les modifications informatiques dans le SI. *« Ainsi, nous avons par exemple mis en place des programmes capables de rechercher certains mots ou expressions afin de respecter les préconisations de la Commission nationale de l'informatique et des libertés »*, remarque Delphine. Ces interventions se font par paquets, qui sont programmés dans le temps à l'aide de logiciels d'ordonnancement. *« Deux équipes se partagent l'aide à la conception. La mienne se consacre à l'ordinateur central IBM qui gère l'essentiel de notre SI. Elle s'occupe aussi de l'ordonnancement et de la planification de l'ensemble »*, précise-t-elle.

Travail sur le long terme. Au quotidien, Delphine et son équipe veillent à maintenir l'intégrité du SI. *« Un travail est effectué sur les bases de données. Il faut mettre en place des normes de sécurité et tester l'intégration de nouveaux logiciels en collaboration avec l'équipe système. »* Ces nombreux projets, auxquels s'ajoute la gestion d'incidents, font que chaque journée est unique et bien remplie.

Quel salaire ?

De 1400 à 2000 € net par mois pour un jeune diplômé, en fonction de sa formation, de l'entreprise et de la région.

Source : cabinet PageGroup, 2016.

Ça recrute ?

Les grandes entreprises utilisatrices ont plutôt tendance à réduire leurs équipes d'analystes. Les sociétés de services, en particulier les entreprises d'infogérance, recrutent davantage, et surtout des jeunes diplômés.

Quels débuts ?

Un débutant est souvent embauché en tant que technicien d'exploitation. Il peut également commencer dans une société d'infogérance où sa mission se limitera souvent au suivi d'exploitation. Au sein des entreprises, le champ d'action de l'analyste d'exploitation est généralement plus large (conseil, établissement de normes, analyse et gestion des incidents...) et peut nécessiter de l'expérience professionnelle.

Quelles études ?

Après le bac en 2 ou 3 ans

• Un **BTS** ou un **DUT** (en 2 ans) du domaine de l'informatique constitue généralement le niveau d'entrée des analystes d'exploitation. Il est ensuite possible de préparer une **licence professionnelle** métiers de l'informatique : systèmes d'information et gestion de bases de données (une année supplémentaire).

Après le bac en 5 ans

Lorsque les systèmes de l'entreprise sont complexes, le niveau requis peut être un **master** ou un **diplôme d'ingénieur**.

Retrouvez les études pp. 70, 73, 78, 80, 83.

INGÉNIEUR SYSTÈMES

© DR

Alexandre Foulquier,
expert systèmes distribués au Crédit Agricole

« L'objectif est d'améliorer le quotidien de l'utilisateur sur le long terme. »

Après une expérience en tant que consultant, Alexandre a été recruté par le Crédit Agricole. Il fait partie d'une équipe de 14 ingénieurs qui interviennent, soit sur les postes de travail mobiles (smartphones, tablettes), soit, comme Alexandre, sur les postes de travail fixes (micro-ordinateurs).

Tout inventer. *« Ma première mission au Crédit Agricole avait pour cadre la migration des différents systèmes informatiques des caisses régionales vers un système unique. Mon rôle consistait à faire évoluer les postes de travail en vue d'automatiser la mise à jour des systèmes d'exploitation. Pas simple, car cela concerne 100 000 postes informatiques sur toute la France ! Il a fallu tout inventer. »* Un défi qui renforçait encore sa motivation.

Anticiper les évolutions. Au sein de son équipe, Alexandre travaille sur des projets : *« L'objectif est d'améliorer le quotidien de l'utilisateur sur le long terme. Pour faire évoluer ou améliorer le système, il faut parfois ajouter de nouvelles fonctionnalités ou corriger des dysfonctionnements. J'aime l'aspect très technique de ce métier. »*

Gérer les imprévus. Une petite partie de son temps est consacrée à la résolution de problèmes. *« En informatique, un problème est un incident qui n'a pas de solution ! »* plaisante-t-il en repensant à une mise à jour du navigateur Google Chrome qui a saturé le réseau. *« Il a fallu tout décortiquer pour comprendre comment fonctionne l'application et identifier l'origine du bug. »* Pour gérer ce type de crise, Alexandre travaille au contact des utilisateurs et en collaboration avec toute l'équipe. L'intervention doit être rapide pour que les salariés du groupe ne soient pas bloqués dans leur travail.

Quel salaire ?

De 2200 à 2600 € net par mois pour un débutant.

Source : cabinet PageGroup, 2016.

Ça recrute ?

Déjà bien implantée dans les grandes entreprises, la fonction gagne les PME, grâce notamment au développement du e-commerce et des appareils mobiles (tablettes, smartphones, etc.) de plus en plus utilisés par les salariés. De belles perspectives pour les experts systèmes.

Quels débuts ?

Cette fonction peut être confiée à un ingénieur débutant ou à un informaticien ayant acquis de l'expérience dans la fonction exploitation.

Quelles études ?

Après le bac en 2 ou 3 ans

• Un **BTS** ou un **DUT** (en 2 ans) en informatique, réseaux et télécommunications peut être complété par une **licence professionnelle** du domaine (une année supplémentaire). Possibilité aussi de passer par une formation spécialisée. Une première expérience est souvent demandée.

Après le bac en 5 ans

• **Master** mention informatique ou réseaux et télécommunications ; diplôme d'**école d'ingénieurs** généraliste ou spécialisée en informatique ou télécommunications. Certains cursus proposent un parcours ou une dominante centrés sur l'administration des systèmes et réseaux.

Retrouvez les études pp. 70, 73, 78, 80, 83.

TECHNICIEN EN INFORMATIQUE INDUSTRIELLE

© DR

Fabien Lautru,
technicien en informatique industrielle chez AEPR

« Il faut savoir se débrouiller et chercher des solutions par soi-même. »

Lorsqu'il ne fait pas du développement informatique, Fabien programme des automates. Le bureau d'études où il travaille conçoit en effet des ateliers automatisés et des chaînes de fabrication pour des entreprises de l'agroalimentaire, de la construction automobile ou du traitement de surface.

Polyvalent. Selon les projets, le jeune titulaire d'un DUT GEII* préparé en alternance fait jouer sa compétence en informatique ou en automatismes : *« J'interviens par exemple pour installer un logiciel de supervision permettant aux opérateurs d'une entreprise de piloter leur production à distance. Côté automatismes, je programme des automates qui permettent de commander les équipements de production, notamment les robots. »*

Satisfaire le client. Au besoin, Fabien crée un logiciel avant de l'installer chez le client. De même, il teste et met en service les automates en vérifiant qu'il n'y a pas de bug. Et, pour satisfaire un client pressé, il est capable de faire une journée de 12 heures lors d'une installation sur site. *« J'interviens parfois de nouveau lorsque le client formule des demandes spécifiques ou, ultérieurement, en cas de panne. S'il y a un problème, il me revient de le prendre en charge. »*

S'entraider. *« Il faut savoir se débrouiller et chercher des solutions par soi-même »*, précise Fabien, qui découvre un logiciel de programmation à chaque projet. Mais le travail en équipe est aussi largement pratiqué : *« Certains collègues sont techniciens, d'autres ingénieurs. On échange souvent pour identifier un éventuel défaut de conception. Il est possible de demander de l'aide dès qu'un problème se pose sur un logiciel. »*

* Génie électrique et informatique industrielle.

Quel salaire ?

Environ 1700 € net par mois pour un technicien débutant.

Source : cabinet PageGroup, 2016.

Ça recrute ?

Les usines étant de plus en plus connectées, l'informatique industrielle offre des débouchés. Ceux-ci se situent dans les bureaux d'études et d'ingénierie, dans les entreprises industrielles et chez les constructeurs de systèmes automatisés.
La connaissance de plusieurs langages de programmation est un atout.
Les ingénieurs en informatique industrielle sont aussi très recherchés.

Quels débuts ?

Une formation en alternance permet d'acquérir une expérience et d'enrichir son CV. *« Dès la fin de mes études,* explique Fabien, *j'ai été embauché par l'entreprise au sein de laquelle j'ai suivi ma formation. L'alternance aide beaucoup à trouver un emploi. »*

Quelles études ?

Après le bac en 2 ou 3 ans

• Préparés en 2 ans, le **DUT GEII** (génie électrique et informatique industrielle) et le **BTS systèmes numériques** option informatique et réseaux préparent bien à ce métier. Ces diplômes peuvent être complétés par une **licence professionnelle** mention systèmes automatisés, réseaux et informatique industrielle (une année supplémentaire).

• Conçue pour une poursuite d'études en master, la **licence électronique, énergie électrique, automatique** peut éventuellement conduire à des postes d'assistant ingénieur en informatique industrielle.

Retrouvez les études pp. 70, 73, 78, 80.

INGÉNIEURE D'AFFAIRES

© DR

Yan Li,
responsable d'affaires
chez Avisto

« Je veille à ce que le logiciel soit livré conformément au contrat. »

Développeuse de formation, Yan a débuté chez un éditeur de logiciels avant d'entrer, voici 9 ans, chez Avisto, une entreprise d'ingénierie logicielle. *« J'ai continué d'exercer dans le développement pendant 4 ans. »* Un poste qui lui a permis de travailler sur différents projets, comme des portails de vote électronique ou de gestion de flux comptables. Aujourd'hui, Yan est responsable d'affaires.

Développer une clientèle. *« J'identifie les sociétés susceptibles d'avoir besoin de nos services. Il s'agit d'entreprises industrielles, d'instituts de recherche ou de petites structures. Puis, je recherche les bons interlocuteurs et prends contact avec eux afin d'étudier leurs besoins. »* Après avoir consulté les ingénieurs et les chefs de projet d'Avisto, elle leur propose alors des solutions adaptées : *« Il s'agit de développer des logiciels sur mesure (logiciels industriels, embarqués...). »* La négociation des contrats est aussi de son ressort.

Suivre un projet. Selon les cas, Yan suit les projets du début à la fin ou laisse le chargé de projet prendre la relève. *« Parfois, j'interviens en tant que cheffe de projet. »* Elle se rend alors chez les clients pour suivre la mise en place de la solution retenue : *« Je veille à ce que le logiciel soit livré dans les délais prévus, conformément au contrat. »* Afin de proposer les solutions les plus pertinentes, Yan se tient informée des évolutions technologiques.

Manager. Une autre partie de son travail consiste à recruter les ingénieurs qui travailleront sur ces projets. *« Je fais passer des entretiens et j'assure le suivi du recrutement. »* Yan veille à ce que ses collaborateurs travaillent sur des missions qui les intéressent et accompagne leur évolution de carrière au sein de la société.

Quel salaire ?

Entre 2 500 et 3 200 € net par mois pour un débutant. Ce salaire de base est généralement complété par des primes qui varient en fonction des affaires réalisées.

Source : L'Usine digitale, 2016.

Ça recrute ?

Postes clés des entreprises de services du numérique, les ingénieurs commerciaux en informatique sont très recherchés par les employeurs.

Quels débuts ?

Après quelques années d'expérience, un ingénieur d'affaires accède à des projets plus importants, plus complexes, et gère une équipe commerciale. Il peut devenir directeur commercial ou chef de projet.

Quelles études ?

Après le bac en 5 ans

- Ce métier est souvent exercé par des diplômés d'**écoles de commerce** ayant suivi une spécialisation dans le management des systèmes d'information ou dans les nouvelles technologies.
- On recherche également des **ingénieurs** et des titulaires de **master** en informatique.
- Certains cursus sont proposés conjointement par une **école d'ingénieurs** et une **école de commerce.** Par exemple, l'EI Cesi et Skema, l'Isep et Audencia, l'Ensiee et Télécom EM, Grenoble EM et l'Eisti Cergy-Pontoise... Cette double compétence est très prisée.

Retrouvez les études pp. 80, 83, 86.

DICO DES MÉTIERS

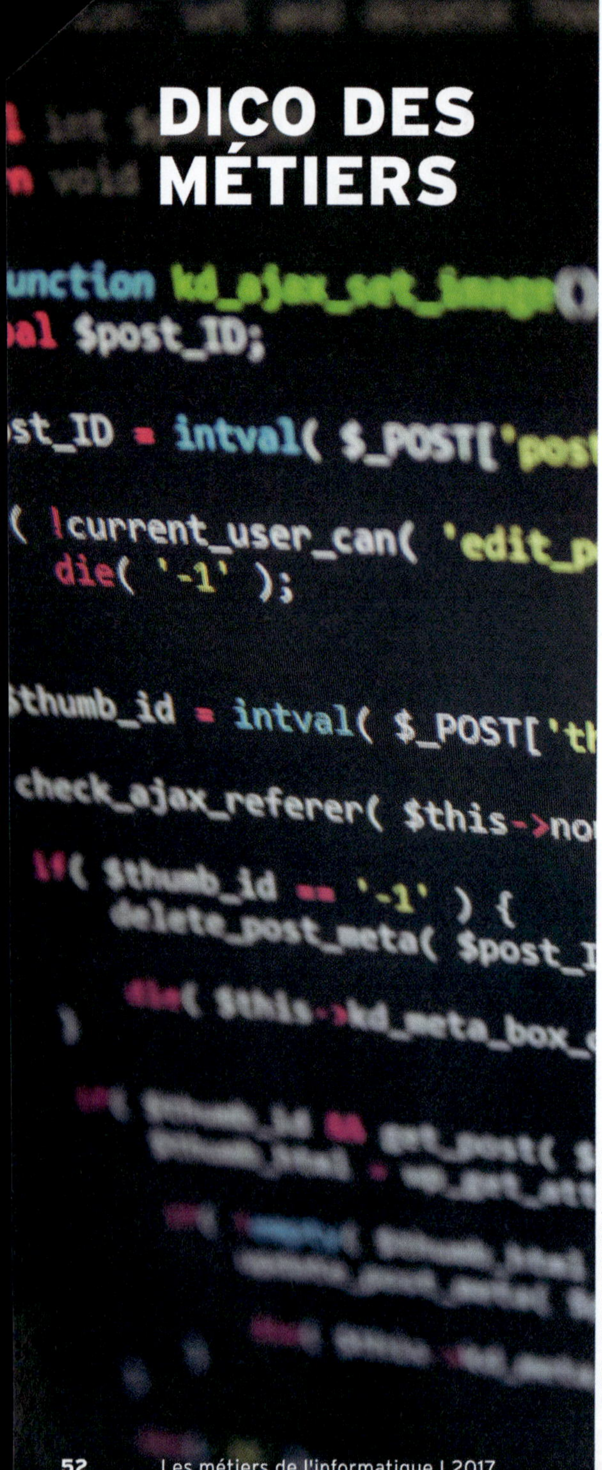

CONSEIL ET EXPERTISE

AUDITEUR/TRICE DE SYSTÈMES D'INFORMATION

★★

Achats, comptabilité, finance, gestion des stocks : tout est informatisé. Dans une entreprise comme dans une banque, les systèmes d'information doivent donc être fiables. L'auditeur ou l'auditrice identifie les risques et renforce la sécurité des procédures. Au sein d'une équipe, son rôle est de réaliser des entretiens avec les personnels de l'entreprise, d'analyser les données et les pratiques, d'effectuer des tests. Ce métier s'exerce au sein d'un cabinet d'audit ou de conseil.

Formation

Master MIAGE, en management des systèmes d'information ou informatique ; diplôme d'ingénieur en informatique.

CONSULTANT/E *BIG DATA*

★★

Sa spécialité est le traitement automatique de masses de données issues de différentes sources. À cet effet, il ou elle commence par effectuer des calculs pour extraire les données utiles à une entreprise, par exemple un site d'e-commerce ou un distributeur d'énergie. L'analyse de ces informations permet d'identifier des tendances sur le comportement des clients ou les besoins en électricité. Il lui revient de les traduire en algorithmes capables de prévoir les futurs achats d'un panel de clients ou la production d'énergie potentiellement requise.

Formation

Master ou diplôme d'ingénieur avec une spécialisation en *big data*, ou double compétence en informatique et mathématiques appliquées.

CONSULTANT/E *CLOUD COMPUTING*

★★

Il ou elle propose des services qui permettent aux entreprises d'externaliser le stockage et le traitement de leurs données: serveurs, plateformes de développement, applications hébergées sur le Web. Sa mission consiste à accompagner l'entreprise cliente dans le choix d'une de ces solutions «virtuelles», plus économiques et performantes que l'utilisation de dispositifs en interne. Et aussi à mettre en place la solution et les recommandations de sécurité.

Formation

Master ou diplôme d'ingénieur avec une spécialisation en *cloud computing*.

CONSULTANT/E EN *GREEN IT*

★★

Services informatiques d'entreprises, centres de données... l'informatique consomme de l'électricité et émet du CO_2, d'où l'émergence de promoteurs de l'informatique verte (ou éco-responsable). Les consultants en *green IT* (pour *green information technology*/technologie verte de l'information) observent les équipements et les pratiques des entreprises avant de conseiller l'achat d'ordinateurs éco-labellisés, le reconditionnement des matériels pour prolonger leur durée de vie, le recyclage de la chaleur produite par les centres de données, etc.

Formation

Master ou diplôme d'ingénieur en informatique et connaissance des normes de développement durable.

CONSULTANT/E INFORMATIQUE

★★

Architecture du système d'information, gestion informatique d'activités, technologies mobiles... pour chaque type de projet, il ou elle identifie la solution la plus adaptée après avoir analysé les besoins de l'entreprise cliente. Son rôle consiste ensuite à suivre le projet jusqu'au déploiement de l'application et à former les utilisateurs. Cette fonction, aux missions variées, s'exerce au sein d'une entreprise de services du numérique, d'un éditeur de logiciels ou d'une société de conseil.

Formation

Master en informatique (dont MIAGE) ou management des systèmes d'information; diplôme d'ingénieur en informatique; diplôme d'école de commerce avec spécialisation dans les systèmes d'information; double diplôme ingénieur/manager.

SPÉCIALISTE EN SÉCURITÉ INFORMATIQUE

★★

Vol de données ou destruction de site Internet, autant de menaces pour les entreprises, les banques et les administrations. Le ou la spécialiste en sécurité informatique identifie les failles d'un système d'information avant de mettre en place les procédures aptes à prévenir les cyberattaques. En cas de piratage, la réponse doit être immédiate. Sensibiliser le personnel de l'entreprise aux questions de sécurité est aussi indispensable.

Formation

Master ou diplôme d'ingénieur avec une spécialisation en sécurité informatique, cryptologie ou cryptographie, réseaux ou cyberdéfense.

★★ Accessible directement après ses études
★★ Accessible avec de l'expérience

ÉTUDES ET DÉVELOPPEMENT

ARCHITECTE D'APPLICATIONS MOBILES

★★

Son rôle : définir la structure d'une application selon les paramètres techniques propres aux smartphones et aux tablettes. Les aspects esthétiques et ergonomiques sont pris en compte : taille de l'écran, mise en page, navigation... Il ou elle suit les travaux de développement, de la programmation aux tests. Une fois l'application lancée, la correction des bugs, les mises à jour et l'intégration de nouvelles fonctionnalités font aussi partie de ses missions.

Formation

BTS ou DUT en informatique complété par une licence pro métiers de l'informatique : développement d'applications ; master ou diplôme d'ingénieur avec une spécialisation en informatique et applications mobiles.

ARCHITECTE DE SYSTÈMES D'INFORMATION

★★

Le ou la spécialiste des SI (systèmes d'information) organise tout ce qui participe au traitement des informations d'une entreprise : matériels, progiciels, logiciels... L'analyse du système existant et de son environnement (fonctionnement de l'entreprise, flux d'informations, besoins des utilisateurs, etc.) précède l'élaboration de la cartographie du nouveau SI. Il ou elle fournit le cadre nécessaire au travail des développeurs et des intégrateurs.

Formation

Diplôme d'ingénieur ; master en informatique ou réseaux et télécommunications.

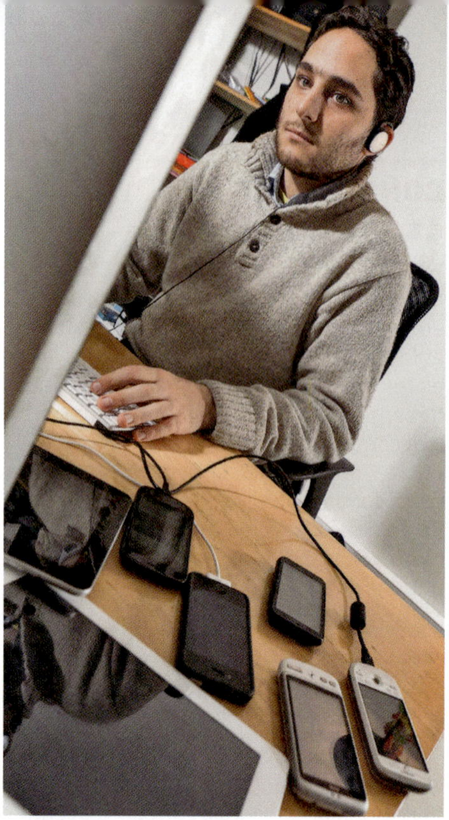

© ALAIN POTIGNON / ONISEP

ARCHITECTE WEB

★★

Avec l'essor du Web mobile, des médias sociaux et du e-marketing, l'architecture des sites Internet devient de plus en plus complexe. Les architectes web conçoivent l'infrastructure de sites à forte audience et accompagnent leur croissance. En amont d'un projet, ces experts préconisent des solutions techniques en tenant compte des besoins du client, de l'ergonomie recherchée ou des principes du webmarketing. La seconde étape consiste à superviser le développement du site et les tests. Ce métier s'exerce souvent dans une entreprise de services du numérique ou en agence web.

Formation

Master, diplôme d'école d'ingénieurs, diplôme d'école spécialisée en informatique ou métiers du Web.

BIO-INFORMATICIEN/NE

★☆

Recherche sur les maladies rares et héréditaires, traitements anticancéreux personnalisés, amélioration génétique des plantes... il ou elle assiste les chercheurs dans de nombreux domaines médicaux, pharmaceutiques ou agronomiques. Pour analyser des masses de données issues du vivant, il faut concevoir des algorithmes et constituer des bases de données. Une double compétence en biologie (notamment en biologie moléculaire et cellulaire) et en informatique est indispensable. Des connaissances en statistiques sont appréciées.

Formation

Master ou doctorat en bio-informatique, diplôme d'ingénieur dans la spécialité bio-informatique (École polytechnique, ISBS Upec).

CHEF/FE DE PROJET

★★

Les chefs de projet MOE (maîtrise d'œuvre) coordonnent la réalisation de projets informatiques souvent complexes. À partir du cahier des charges qui spécifie les besoins, ils supervisent les phases de conception et de développement, les tests et le déploiement des applications. Gestionnaires du projet, ils constituent l'équipe d'ingénieurs d'études et de développeurs, établissent et suivent le budget et le planning.

Formation

Master ou diplôme d'ingénieur en informatique, réseaux, ou management des systèmes d'information.

★☆ *Accessible directement après ses études*

★★ *Accessible avec de l'expérience*

DÉVELOPPEUR/EUSE

★☆

Mise à jour d'un progiciel ou création d'une application pour tablette numérique : en respectant un cahier des charges, le développeur ou la développeuse programme les fonctionnalités d'un logiciel : afficher des coordonnées clients, gérer le planning de congés des salariés... Le développement comporte plusieurs étapes : conception des algorithmes qui permettront le traitement des données, écriture du code à l'aide d'un langage de programmation, correction des bugs et développements complémentaires si besoin.

Formation

BTS ou DUT en informatique ; licence pro métiers de l'informatique : développement d'applications ; diplôme d'école spécialisée ; titre professionnel développeur.

© BANJEE / ONISEP

GÉOMATICIEN/NE

★★

Spécialiste de la cartographie, il ou elle utilise des logiciels pour représenter un territoire : sous-sol, réseaux d'assainissement, voirie, écosystèmes, etc. S'y ajoutent parfois des données telles que le nombre d'habitants ou les équipements. Des informations précieuses pour une commune qui veut, par exemple, optimiser la collecte des déchets ou numériser son réseau hydrographique. À la fois géographes et informaticiens, ces professionnels exercent souvent au sein des collectivités territoriales ou en bureau d'études.

Formation

Licence pro, master ou diplôme d'ingénieur spécialité géomatique ou SIG (systèmes d'information géographique).

INGÉNIEUR/E DÉVELOPPEMENT LOGICIEL

★★

Suivi des stocks, gestion des paies... il ou elle met au point les logiciels permettant d'informatiser ces tâches. La conception des applications précède l'élaboration du cahier des charges techniques. Vient ensuite la phase de développement assurée par les développeurs qu'il encadre. La mise en service de l'application est précédée de tests et suivie d'améliorations. Sa compétence lui permet parfois d'intervenir dans des domaines plus complexes comme la réalisation d'algorithmes pour l'intelligence artificielle

Formation

Master ou diplôme d'ingénieur avec une spécialisation en informatique ou génie logiciel.

INGÉNIEUR/E EN INFORMATIQUE EMBARQUÉE

★★

Carte à puce bancaire, programmateur de lave-linge, commandes de vol d'un avion... grâce aux logiciels embarqués, les objets deviennent intelligents, autonomes et communicants. À la croisée du matériel et du logiciel, de l'électronique et de l'informatique, les spécialistes des systèmes embarqués sont recherchés dans de nombreux secteurs (énergie, transport, télécommunications, médical, multimédia...). Ils réalisent la conception, le développement, l'amélioration ou la maintenance de systèmes.

Formation

Diplôme d'ingénieur, master parcours informatique embarquée ou systèmes temps réel.

INGÉNIEUR/E RÉALITÉ VIRTUELLE

★★

Les programmes complexes développés par les spécialistes de la réalité virtuelle ou augmentée permettent de s'immerger dans les univers artificiels des jeux vidéo, de visualiser des projets de construction en 3D, de s'entraîner au pilotage ou à la pratique chirurgicale par simulation. Au sein d'une équipe pluridisciplinaire, ces ingénieurs conçoivent des systèmes et des outils de simulation ou de capture de mouvements capables de faire voyager les utilisateurs dans l'espace ou dans le temps. Certains projets concernent l'interface homme-machine.

Formation

Des diplômes d'ingénieur et des masters proposent une spécialisation en réalité virtuelle.

© ALAIN POTIGNON / ONISEP

INTÉGRATEUR/TRICE D'APPLICATIONS

★★

Sous la responsabilité du responsable de projet, il ou elle assure l'assemblage et la configuration de composants logiciels (progiciels, bases de données, développements spécifiques, etc.). Des tests permettent de vérifier le fonctionnement de la solution dans son environnement d'exploitation (postes de travail, serveurs et systèmes d'exploitation...). Les bugs sont corrigés en lien avec les développeurs de l'application. Ce poste, qui nécessite une expérience en développement, est porteur d'évolutions vers la gestion de projets.

Formation

Master, diplôme d'école d'ingénieurs ou d'école spécialisée en informatique.

TESTEUR/EUSE

★☆

Réalisée en lien avec le responsable de projet, la phase de tests permet de vérifier que les applications créées sont performantes et conformes au cahier des charges. À cet effet, il ou elle met au point une batterie de tests avant d'en assurer l'exécution. Pour toute anomalie détectée, une solution doit être trouvée, en collaboration avec l'équipe de développement. Les correctifs lui sont ensuite soumis pour validation. De bonnes connaissances en développement, en intégration et dans les outils de tests sont indispensables.

Formation

BTS, DUT, licence professionnelle ou école spécialisée en informatique. Certains postes se situent au niveau ingénieur.

WEBMASTER TECHNIQUE

★☆

Ses principales missions consistent à assurer la maintenance technique d'un ou plusieurs sites Internet : gestion des incidents en lien avec les hébergeurs et les prestataires ; intégration de pages web, de *newsletters*, d'images et de vidéos ; administration d'offres e-commerce ; mise en place d'outils permettant d'analyser le trafic sur le site ; ajout de nouvelles fonctionnalités... La connaissance des langages HTML/CSS et Java Script est requise.

Formation

DUT métiers du multimédia et de l'Internet ; BTS ou DUT informatique et licence professionnelle orientée Web ; école spécialisée Internet.

★☆ *Accessible directement après ses études*

★★ *Accessible avec de l'expérience*

ADMINISTRATION ET EXPLOITATION

ADMINISTRATEUR/TRICE DE BASES DE DONNÉES

★★

Catalogues de vente en ligne, informations comptables, fichiers clients, fonds documentaires... autant de bases de données appelées à s'agrandir et à être utilisées à travers différents canaux. Sa mission consiste à les gérer et à en garantir l'accessibilité : définition de la structure de la base de données pour une utilisation optimale, gestion des droits d'accès, installation des procédures de sauvegarde et de restauration automatiques. Les bases de données consultables via Internet imposent des contraintes de sécurité particulières. Certains postes impliquent une disponibilité la nuit et/ou le week-end.

Formation

Master, diplôme d'ingénieur ou école spécialisée en informatique.

© ANANDABGD / ISTOCK.COM

ADMINISTRATEUR/TRICE DE RÉSEAUX

★★

C'est le ou la responsable de la qualité du réseau informatique de l'entreprise. Ses missions incluent parfois la téléphonie, voire les systèmes. Il ou elle peut intervenir dès l'installation du réseau, notamment dans le choix des logiciels et matériels. Ensuite, son rôle consiste à définir et tester les améliorations à apporter au réseau, à configurer et mettre à jour le matériel, à contrôler les procédures de sécurité, à accompagner les utilisateurs... On compte sur son intervention, à tout moment, en cas d'incident.

Formation

BTS ou DUT en informatique et réseaux. Diplôme d'ingénieur, master, diplôme d'école (bac + 4 et + 5) en informatique, réseaux ou télécommunications.

ANALYSTE D'EXPLOITATION

★★

Son objectif : gérer le fonctionnement des équipements informatiques de l'entreprise. L'analyste d'exploitation contrôle leur performance, met en place des sauvegardes et intervient en cas d'incident. L'installation des nouveaux matériels et logiciels, la configuration des postes de travail, l'aide technique aux utilisateurs sont aussi de son ressort. En entreprise, les missions peuvent être élargies à l'établissement de normes, à l'analyse des incidents, à la préconisation de solutions techniques et de sécurité. Ce métier peut aussi s'exercer dans les sociétés d'infogérance.

Formation

BTS, DUT ou licence professionnelle en informatique. Le niveau bac + 5 peut être demandé pour les systèmes complexes.

INGÉNIEUR/E SYSTÈMES

★☆

Le périmètre de sa fonction est large : mise en place des matériels informatiques et des logiciels d'exploitation de l'entreprise, maintenance préventive, résolution rapide des pannes. Dans certaines entreprises, notamment au sein de PME, l'administration et la sécurité des réseaux sont également de son ressort. Des contacts réguliers avec les constructeurs et les éditeurs de logiciels permettent d'anticiper l'évolution des systèmes et des réseaux. Ce métier peut aussi s'exercer dans une entreprise de services du numérique.

Formation

Diplôme d'ingénieur ou master orienté systèmes et réseaux. Certains postes sont accessibles aux techniciens supérieurs expérimentés.

RESPONSABLE MÉTHODES

★★

Le ou la responsable méthodes a un rôle de conseil auprès du service informatique d'une grande entreprise ou des équipes d'une société de services. Améliorer la qualité des processus informatiques implique de les évaluer et de trouver des solutions. Concrètement, il s'agit de proposer de nouvelles méthodes de développement des logiciels, d'élaborer des procédures de tests et de mettre en place un tableau de bord qualité.

Formation

Diplôme d'ingénieur ou master en informatique.

© JEROME PALLE / ONISEP

TECHNICIEN/NE DE MAINTENANCE

★☆

Ordinateurs, imprimantes, serveurs... lorsqu'on l'appelle pour une panne, il ou elle doit comprendre le problème avant de réparer ou de commander les pièces à remplacer. La recherche de solutions durables l'amène parfois à proposer des améliorations pour sécuriser l'installation. Les spécialistes de la maintenance veillent en interne sur le parc informatique d'une entreprise ou interviennent chez les clients de la société de services qui les emploie.

Formation

Bac pro systèmes numériques, BTS ou DUT en informatique ou réseaux et télécommunications.

★☆ *Accessible directement après ses études*

★★ *Accessible avec de l'expérience*

TECHNICIEN/NE DE RÉSEAUX

★☆

Son domaine: la mise en place et la maintenance des équipements et des logiciels du réseau informatique et de télécommunications d'une entreprise. Concrètement, il s'agit de les configurer en veillant à leur compatibilité, à installer les mises à jour et à mettre au point une démarche d'entretien préventif. Les risques liés au Web, au *cloud computing* et aux ressources mobiles sont pris en compte. En cas d'incident sur les réseaux informatiques ou téléphoniques, une solution doit être trouvée rapidement.

Formation

BTS systèmes numériques, DUT réseaux et télécommunications, DEUST maintenance et infrastructures de réseaux, licence pro métiers des réseaux informatiques et télécommunications.

TECHNICIEN/NE EN INFORMATIQUE INDUSTRIELLE

★☆

C'est grâce à l'informatique industrielle que l'on programme les robots et les chaînes de fabrication d'où sortent des produits alimentaires ou pharmaceutiques, des pièces pour l'automobile ou l'aéronautique, etc. En bureau d'études, ce métier implique de participer à la mise au point des logiciels qui commandent ces systèmes automatisés. Au sein d'une entreprise industrielle, la mission consiste à mettre en place des applications et à assurer leur maintenance. Une panne risquant d'interrompre la production, les horaires de travail peuvent comporter des astreintes.

Formation

DUT génie électrique et informatique industrielle; BTS systèmes numériques; licence pro systèmes automatisés, réseaux et informatique industrielle.

★☆ *Accessible directement après ses études*
★★ *Accessible avec de l'expérience*

© BARANOZDEMIR / ISTOCK.COM

COMMERCIAL ET SUPPORT TECHNIQUE

INGÉNIEUR/E D'AFFAIRES

★★

En lien avec le bureau d'études de l'entreprise, ces professionnels analysent les besoins des clients, élaborent des solutions techniques (matériels ou services informatiques adaptés), chiffrent leur offre et négocient le contrat. Par la suite, tout au long de la réalisation du projet, ils veillent au respect des engagements (planning, qualité, coût). La prospection de nouveaux marchés et le développement du volume d'affaires sont aussi de leur ressort.

Formation

Diplôme d'ingénieur ou master en informatique ou télécommunications; diplôme d'école de commerce ou master avec spécialisation en management des systèmes d'information.

RESPONSABLE DU SERVICE CLIENTS

★★

Ses principales responsabilités: assurer l'interface avec les clients après la vente, analyser les incidents techniques signalés par ceux-ci, rechercher et déployer des solutions à ces problèmes, gérer parfois des litiges. En lien avec les équipes techniques et commerciales, le ou la responsable service clients veille à une prise en charge efficace des demandes et participe à la mise en place d'une démarche qualité. Le sens de la relation client et un bon niveau d'anglais sont impératifs.

Formation

Selon les postes: bac+2, bac+3 ou bac+5 en informatique.

TECHNICIEN/NE SUPPORT AUX UTILISATEURS

★★

Imprimante bloquée, panne réseau, écran noir... les professionnels qui travaillent au sein du service informatique d'une entreprise ou dans un service d'assistance téléphonique *(hotline)* sont sollicités dès qu'un utilisateur rencontre un problème informatique. Soit ils le résolvent en «prenant la main» sur l'ordinateur, soit ils alertent le technicien compétent. En entreprise, ils installent les matériels et participent à la gestion du parc informatique tout en apportant aide et conseils aux utilisateurs.

Formation

DUT informatique ou réseaux et télécommunications; BTS services informatiques aux organisations ou systèmes numériques; licence pro en informatique.

ISIMA
Grande école publique d'ingénieurs en informatique
Bien choisir son avenir
1 diplôme d'ingénieur, 5 options :
• Informatique des Systèmes Embarqués
• Génie Logiciel et Systèmes Informatiques
• Systèmes d'Information et Aide à la Décision
• Calcul et Modélisation Scientifiques
• Réseaux et Sécurité Informatique
Cloud
Sécurité
Data Scientist
Big Data Mobilité
Réalité Augmentée
Internet des Objets
Réalité Virtuelle
Réseaux
Programmation
Le numérique concerne tous les secteurs et toutes les entreprises.
SecNumedu
CAMPUS DES MÉTIERS ET DES QUALIFICATIONS
e-Campus Auvergne
agera
cdefi
pasc@line
CONCOURS COMMUNS POLYTECHNIQUES
BCS
ISO 9001
Cti
Commission des Titres d'Ingénieur
EUR-ACE
www.isima.fr
Campus universitaire des Cézeaux • 1 rue de la Chebarde
TSA 60125 • CS 60026 • 63178 Aubière CEDEX

ÉTUDES

QUELLES FORMATIONS POUR QUELS MÉTIERS ?

Panorama des formations qui donnent accès aux différents métiers de l'informatique, sachant que l'expérience professionnelle permet ensuite d'évoluer vers d'autres responsabilités.

CONSEIL ET EXPERTISE

Les consultants en informatique sont le plus souvent recrutés au niveau bac+5 : master informatique ou management des systèmes d'information, master MIAGE (méthodes informatiques appliquées à la gestion des entreprises), diplôme d'école d'ingénieurs généraliste ou spécialisée en informatique. Posséder une seconde compétence dans un domaine d'activité (banque, finance, gestion...) est un atout supplémentaire. Cela permet de comprendre plus rapidement le fonctionnement et les enjeux de l'entreprise au sein de laquelle s'exerce la mission. D'autres métiers font appel à des connaissances pointues, comme les compétences en *big data*, en informatique décisionnelle, dans les systèmes distribués, le *cloud computing* et la sécurité des données. De plus en plus recherchées, ces spécialisations sont enseignées dans le cadre de masters et de cursus d'ingénieurs.

ÉTUDES ET DÉVELOPPEMENT

Prenant en charge tout ou partie de la réalisation ou de l'amélioration d'un produit (logiciel, progiciel, site web, système d'information), les architectes, les ingénieurs développement et les chefs de projet sont pour la plupart titulaires d'un diplôme d'ingénieur ou d'un master. Nombre de ces formations proposent des spécialisations en génie logiciel et systèmes d'information. Plus pointues, les compétences en informatique embarquée, en réalité virtuelle, en objets connectés et les systèmes intelligents font aussi l'objet de spécialisations. Les ingénieurs et les chefs de projet sont assistés de développeurs, une profession ouverte notamment aux titulaires du BTS SIO (services informatiques aux organisations) option solutions logicielles et applications métiers ou du DUT informatique. L'obtention d'une licence professionnelle est de plus en plus valorisée. Ce diplôme offre la possibilité de se spécialiser en développement d'applications, tests logiciels, développement web et multimédia. Des écoles spécialisées préparent également à ces métiers.

ADMINISTRATION ET EXPLOITATION

Certains métiers de la gestion des réseaux et des systèmes d'exploitation sont accessibles après un diplôme de niveau bac+2 et, de plus en plus souvent, bac+3. Il s'agit des fonctions d'administrateur de réseaux, d'analyste d'exploitation, de technicien de réseaux, de technicien en informatique industrielle. Certains diplômes (le BTS services informatiques aux organisations option solutions d'infrastructure, systèmes et réseaux ; le BTS systèmes numériques option informatique et réseaux ; le DUT informatique ; le DUT réseaux et télécommunications) donnent accès à de nombreuses licences professionnelles spécialisées dans ces domaines. Pour les postes d'ingénieur systèmes et réseaux, et d'administrateur de bases de données, les profils les plus demandés sont les ingénieurs et les titulaires d'un master en informatique ou systèmes et réseaux.

COMMERCIAL, SUPPORT TECHNIQUE

En fonction de la complexité des produits et des services proposés, les métiers commerciaux sont ouverts à différents profils. Une formation commerciale ou informatique de niveau bac+2 ou bac+3 convient notamment pour la vente d'équipements bureautiques, informatiques ou de télécommunications. Le niveau ingénieur est requis dès qu'il s'agit d'élaborer des propositions commerciales sur mesure. *À noter:* au sein d'écoles de commerce, d'universités et d'écoles d'ingénieurs, quelques cursus conduisent à des doubles diplômes, ingénieur et manager. Les postes d'assistant aux utilisateurs sont souvent confiés à des titulaires de BTS ou de DUT informatique débutants. Pour les métiers du service après-vente et de la relation clients, les offres d'emploi vont du niveau bac+2 à bac+5.

QUELS BACS POUR QUELLES FORMATIONS ?

Pour mener à bien son projet, il est important de connaître les parcours envisageables selon les différentes séries du bac. Explications.

Après le bac ES

À l'université, la licence gestion peut conduire les bacheliers ES vers un master management des systèmes d'information, délivré dans certains IAE (instituts d'administration des entreprises). Par ailleurs, quelques étudiants ayant validé une L2 en gestion sont admis dans une L3 MIAGE *(lire p. 82)*. Les bacheliers ES qui aiment les chiffres peuvent être intéressés par deux cursus qui associent l'étude de l'informatique et des mathématiques appliquées : le DUT STID *(lire p. 77)* et la licence MIASHS *(lire p. 81)*. L'admission de bacheliers ES en école d'ingénieurs n'est pas exclue. Le concours Alpha permet à ceux qui ont suivi la spécialité mathématiques d'intégrer l'Efrei, l'Esiea ou l'Esigetel. Le concours Geidic, ouvert aux élèves des classes préparatoires BL (lettres et sciences sociales), donne accès à Bordeaux INP-ENSC, à l'Ensim Le Mans, à l'Epita et à l'UTT Troyes. Autre possibilité : choisir une école de commerce dont le programme offre la spécialisation management des systèmes d'information *(lire p. 87)*.

Après le bac S

Les bacheliers S ont accès à toutes les formations conduisant au niveau bac + 5 : licences et masters universitaires ; écoles d'ingénieurs (soit directement après le bac, soit après 2 ans de classes préparatoires, un bac + 2 ou un bac + 3). Généralistes et offrant différentes passerelles, les classes préparatoires et les premières années de licence donnent du temps pour affiner son projet. Entrer après le bac dans une école d'ingénieurs spécialisée en informatique suppose un projet abouti. Ceux qui choisissent des cursus en 2 ans pour leur pédagogie appliquée privilégient les DUT informatique, GEII, STID et réseaux et télécommunications *(lire pp. 75 à 77)*.

En terminale S, un enseignement de spécialité informatique et sciences du numérique est proposé.

Après le bac STI2D

Les bacheliers STI2D spécialité systèmes d'information et numérique sont nombreux au sein des promotions des BTS et DUT spécialisés dans les systèmes informatiques, les réseaux et l'informatique industrielle. Le DUT informatique demande de bonnes bases scientifiques, sachant qu'un soutien est généralement proposé. Chaque année, quelques bacheliers STI2D obtiennent une licence mention informatique. Ce parcours est cependant exigeant, en particulier dans les licences qui accordent une large place aux mathématiques et à la physique en L1. Mieux vaut préférer une licence moins théorique, associant par exemple l'informatique et l'électronique. Autre possibilité : rejoindre un cursus de licence après l'obtention d'un BTS ou d'un DUT. Pour ceux qui ont un bon dossier et de la motivation, la classe préparatoire TSI (technologie et sciences industrielles) offre de bonnes chances d'admission en école d'ingénieurs.

Après le bac STMG

Le bac STMG spécialité systèmes d'information de gestion est bien adapté à une poursuite d'études en BTS SIO (services informatiques aux organisations), qui accueille également des bacheliers STMG spécialité gestion et finance. Les bacheliers STMG sont aussi présents, en petit nombre, dans les autres BTS et DUT du secteur, hormis GEII. La classe préparatoire ECT (économique et commerciale option technologique) est réservée aux bacheliers STMG présentant un bon dossier. Elle les prépare en 2 ans aux concours d'admission dans plusieurs écoles de commerce offrant la spécialité management des systèmes d'information (EM Normandie, Grenoble EM, Télécom EM...). À l'université, il est possible d'entrer en L3 MIAGE (accès sélectif) après un BTS (notamment SIO) ou un DUT.

Après le bac pro SN

Deux BTS accueillent des titulaires du bac pro SN (systèmes numériques) option réseaux informatiques et systèmes communicants : le BTS SN (systèmes numériques) et le BTS SIO (services informatiques aux organisations). Concernant ce dernier, c'est vers l'option solutions d'infrastructure, systèmes et réseaux qu'ils se dirigent en majorité. La plupart des titulaires de l'un de ces BTS poursuivent leurs études en licence professionnelle ou en école d'ingénieurs (souvent en apprentissage).

5 QUESTIONS AVANT DE SE LANCER

Quelques repères afin d'identifier les différents parcours possibles et choisir celui qui est le plus adapté à son projet personnel.

De bac+2 à bac+5
Quel niveau viser ?

Les titulaires d'un BTS ou d'un DUT sont recherchés, notamment pour des postes de développeur et de technicien (en informatique industrielle, réseaux, support aux utilisateurs). En complément, une licence professionnelle est valorisée, en particulier lorsqu'elle a été préparée par apprentissage. L'offre d'emploi se concentre cependant à un niveau supérieur : *« Dans les entreprises du numérique, 95 % des recrutements exigent au moins un bac+4, et 80 % un diplôme de niveau bac+5 »*, souligne Olivier Coone, délégué à la formation chez Syntec numérique. Les étudiants sont d'ailleurs nombreux à poursuivre jusqu'au master ou au diplôme d'ingénieur.

Les cursus post-bac (BTS, DUT...) sont ouverts aux débutants en informatique motivés et rigoureux.

L'apprentissage
Pour qui ?

Envie d'une formation concrète ? Nécessité de financer ses études ? L'apprentissage permet une immersion en entreprise, la prise en charge des droits de scolarité par l'employeur et un salaire dont le montant varie entre 366 et 1144 € brut par mois, selon l'âge et l'année du contrat. Ce mode de formation est très prisé par les recruteurs. Les BTS, les DUT, un grand nombre de licences professionnelles et certains masters peuvent être préparés par apprentissage. La filière MIAGE *(lire p. 81)* le propose souvent dès l'année de licence. De nombreuses écoles d'ingénieurs offrent cette possibilité, souvent sur les 3 années du cycle ingénieur. Il est recommandé de se rendre aux journées portes ouvertes organisées par les établissements de formation. Ces derniers aident souvent les jeunes à préparer leur dossier de candidature.

© ESIEA

École d'ingénieurs
Généraliste ou spécialisée ?

Sur quelque 80 écoles d'ingénieurs offrant une spécialisation en informatique, une trentaine (Efrei Villejuif, Epita Paris, IG2I Lens, 3IL Limoges...) sont principalement positionnées sur ce domaine, parfois associé à l'électronique et/ou aux télécommunications. L'enseignement d'informatique y est développé tout au long du cursus. Dans les écoles généralistes (Insa, Polytech...), la spécialisation intervient généralement au cours des 2 dernières années, mais elle peut être attestée par une mention au diplôme. Avec un projet solide, choisir une école spécialisée peut être un bon plan : cela permet de multiplier les stages dans son domaine.

Admissions parallèles
Quels DUT ou BTS choisir ?

Chaque école d'ingénieurs fixe la liste des diplômes de niveau bac + 2 ou bac + 3 qu'elle accepte en admission parallèle. Sont le plus souvent cités les BTS SIO (services informatiques aux organisations) et SN (systèmes numériques), les DUT informatique, réseaux et télécommunications, génie électrique et informatique industrielle, ainsi que mesures physiques. Les DUT génie industriel et maintenance, génie mécanique et productique sont adaptés aux cursus proposant une spécialisation en informatique industrielle. Le DUT métiers du multimédia et de l'Internet peut conduire à une école préparant à l'informatique multimédia comme l'Esipe-Imac. Le DUT STID (statistique et informatique décisionnelle) donne notamment accès à certaines Polytech et à des écoles orientées vers le génie statistique comme l'Ensai Bruz.

Double compétence
Comment l'obtenir ?

« Une seconde compétence dans le métier du client (banque, assurance, automobile...) est un vrai plus. Cela passe aussi par le choix des stages », conseille Olivier Coone, délégué à la formation chez Syntec numérique. Informatique associée à la gestion, aux mathématiques ou à la finance... la double compétence est au programme des MIAGE et de certains cursus d'ingénieurs. Ainsi, Grenoble INP Ensimag forme à la fois à l'informatique et aux mathématiques, pour des débouchés dans la finance, l'imagerie, le *big data*... Dans quelques écoles d'ingénieurs (par exemple, l'Ensiie Évry en partenariat avec Télécom École de management, l'Isep avec Audencia, l'EI Cesi avec Skema), il est possible d'obtenir un double diplôme ingénieur et manager. Certaines écoles de commerce le proposent aussi.

LES BTS *à la loupe*

Après le bac

→ en 2 ans

Deux BTS (services informatiques aux organisations ; systèmes numériques) préparent aux métiers de la programmation et de l'exploitation des systèmes et des réseaux. Les diplômés sont nombreux à poursuivre leurs études.

PLANÈTE MÉTIERS

Objectif des BTS (brevets de technicien supérieur) : rendre les diplômés immédiatement opérationnels. Les enseignements professionnels occupent la moitié de l'emploi du temps en 1re année, les deux tiers en 2de année. S'y ajoutent jusqu'à 16 semaines de stage en entreprise. Le reste est dédié aux matières générales (français, langues, droit, économie...). Certains établissements offrent la possibilité de formation par apprentissage.

AMBIANCE LYCÉE

Les étudiants retrouvent en section de techniciens supérieurs un cadre familier : le lycée le plus souvent, avec des classes de 30 élèves, une trentaine d'heures de cours par semaine. Cours et travaux en groupes réduits, devoirs et projets à rendre, le rythme de travail est soutenu. Les frais de scolarité, gratuits dans le public, sont fixés par chaque établissement privé.

ADMISSION SUR DOSSIER

Les candidatures se font sur le portail APB. La sélection prend en compte les bulletins de 1re et de terminale et, parfois, des tests de niveau. Une lettre de motivation peut être jointe au dossier scolaire. Un quota de places, fixé par chaque académie, est réservé aux bacheliers professionnels. De plus, les titulaires d'un bac professionnel ou technologique obtenu avec une mention « bien » ou « très bien » sont admis de droit dans une spécialité cohérente avec leur bac.

EXAMEN FINAL

Pour obtenir son BTS, il faut réussir un examen national en fin de 2de année, intégrant une part de contrôle continu. Les matières générales y pèsent parfois aussi lourd que les disciplines professionnelles. Le BTS vaut 120 crédits ECTS reconnus sur le plan européen.

S'INSÉRER OU POURSUIVRE

De plus en plus de titulaires de BTS du domaine informatique poursuivent leurs études principalement en licence professionnelle. D'autres s'orientent vers une école spécialisée ou encore vers une école d'ingénieurs, une école de commerce, une licence.

Repère

La durée de la formation peut être réduite pour les élèves qui viennent d'un premier cycle de l'enseignement supérieur (autre BTS, licence) ou d'une classe préparatoire.

BTS services informatiques aux organisations (SIO)

POUR QUI ?

Principalement les titulaires du bac STMG (option systèmes d'information de gestion ou gestion et finance) ou d'un bac professionnel, en particulier le bac pro systèmes numériques option réseaux informatiques et systèmes communicants, mais aussi les bacheliers STI2D (spécialité systèmes d'information et numérique) et S ; quelques bacheliers ES.

OÙ ?

Option SISR (solutions d'infrastructure, systèmes et réseaux) : dans 213 établissements, dont 55 avec possibilité de formation par apprentissage ; option SLAM (solutions logicielles et applications métiers) dans 200 établissements, dont 43 avec possibilité de formation par apprentissage.

AU PROGRAMME

Le tronc commun aux deux options comprend des enseignements de mathématiques, algorithmique, français, anglais… La spécialisation intervient dès le 2e semestre. L'option SISR porte, d'une part, sur l'installation et la configuration de postes et serveurs informatiques (partie système), d'autre part, sur la mise en place des réseaux. Le parcours SLAM forme au développement d'applications (analyse des besoins, programmation, bases de données). Les étudiants réalisent des projets encadrés.

ET APRÈS ?

Accès à des postes de technicien systèmes et réseaux ou programmeur. 70 % des diplômés poursuivent en licence professionnelle, voire en école d'ingénieurs ou en master après une L2 et/ou une L3 informatique.

Quelle option choisir ?

L'avis de Joël Ingrand,
enseignant en informatique
au lycée de la Venise verte (Niort)

« L'option SISR (solutions d'infrastructure, systèmes et réseaux) concerne l'installation de postes clients et de serveurs. Les étudiants effectuent la mise en œuvre des services (bases de données, serveurs web, téléphonie). Pour la partie réseaux, ils installent les infrastructures (armoires techniques, câblage, wifi) et assurent la gestion (paramétrage, supervision, sécurité). L'option SLAM (solutions logicielles et applications métiers) est centrée sur la réalisation ou l'adaptation de programmes à l'aide des langages Java, PHP, HTML, etc. Nous incitons les étudiants à suivre l'enseignement facultatif de mathématiques, notamment s'ils veulent poursuivre leurs études. »

BTS systèmes numériques (SN)

POUR QUI ?

Pour l'option A, informatique et réseaux : 23 % de bacheliers professionnels, 41 % de bacheliers STI2D, 13 % de bacheliers S, 3 % de bacheliers STMG ; pour l'option B, électronique et communications : majoritairement des bacheliers professionnels SN et des bacheliers STI2D.

OÙ ?

Option A : dans 133 établissements, dont 28 avec possibilité de formation par apprentissage ; option B : dans 124 établissements, dont 28 avec possibilité de formation par apprentissage.

AU PROGRAMME

L'option A s'intéresse à l'informatique scientifique (calculs, modélisation, essais...), l'informatique industrielle (automatisation et maintenance des réseaux de production), l'informatique embarquée (programmation des logiciels utilisés dans les télécommunications, les transports, l'automobile...). L'option B est centrée sur les dispositifs électroniques et les objets interconnectés que l'on trouve notamment dans l'aéronautique, l'automobile, la domotique... En enseignement commun, notamment, l'étude des mathématiques et de la physique appliquée.

ET APRÈS ?

Avec l'option A : technicien support aux utilisateurs, technicien en informatique industrielle, administrateur de réseaux... Avec l'option B : technicien de maintenance en informatique, technicien électronicien... Poursuite d'études possible en licence professionnelle, licence ou école d'ingénieurs.

Quelle option choisir ?

L'option **informatique et réseaux** est centrée sur l'exploitation de systèmes informatiques en réseaux et sur la conception d'applications techniques (automatisation de procédés, domotique, multimédia...) ou de logiciels pour l'industrie. Elle s'intéresse notamment au traitement des données enregistrées par des capteurs en vue de faire communiquer des machines entre elles. Dans l'option **électronique et communications**, l'étudiant apprend à concevoir et mettre au point des cartes électroniques, à programmer des composants électroniques et des interfaces homme-machine dans divers langages, à adapter des capteurs et à les intégrer dans des objets communicants. Cette option aborde aussi la programmation. Inversement, le programme de l'option informatique et réseaux comporte des bases en électronique, indispensables pour comprendre le fonctionnement des capteurs.

LES DUT *à la loupe*

Plébiscités par les entreprises et offrant de belles poursuites d'études, cinq DUT ciblent l'informatique, le Web, l'électronique et l'informatique industrielle ou la statistique associée à l'informatique.

Après le bac

→ en 2 ans

LA THÉORIE ET LA PRATIQUE

Plus polyvalent que le BTS, le DUT (diplôme universitaire de technologie) accorde autant de place à la théorie qu'à l'enseignement professionnel. Des projets à réaliser et 10 semaines au minimum de stage initient les étudiants au monde de l'entreprise. En 2de année, des enseignements préparent à la poursuite d'études ou à l'insertion. Certains IUT (instituts universitaires de technologie) offrent la possibilité de formation par apprentissage.

UN TRAVAIL ENCADRÉ

L'IUT offre les avantages de l'université (proximité avec la recherche, frais d'inscription d'environ 200 €...) tout en assurant un suivi pédagogique renforcé. Les cours magistraux représentent moins du quart des quelque 30 heures de cours hebdomadaires. Le reste du temps est consacré à des travaux réalisés en petits groupes (travaux dirigés et pratiques, projets encadrés). Prévoir aussi beaucoup de travail personnel.

Repère

Un petit nombre d'IUT proposent la formation en 1 an appelée « année spéciale » (AS) pour les candidats ayant suivi 2 années d'enseignement supérieur.

ACCÈS SÉLECTIF

Les candidatures se font sur le portail APB. Sont examinés le profil de bac, les résultats obtenus depuis la classe de 1re, les appréciations des enseignants, la lettre de motivation. Certains IUT organisent des entretiens ou des tests. Les titulaires d'un bac technologique obtenu avec une mention « bien » ou « très bien » sont admis de droit dans un DUT compatible avec la spécialité de leur bac.

CONTRÔLE CONTINU

L'évaluation des connaissances se fait via les interrogations, les exposés, les projets et le mémoire professionnel qui jalonnent la formation. Pour obtenir le DUT, il faut valider ses 4 semestres, chacun valant 30 crédits européens (ECTS).

À savoir

Après le DUT, une année complémentaire dans une université étrangère permet d'obtenir un diplôme universitaire d'études technologiques internationales (DUETI).

NOMBREUSES POURSUITES D'ÉTUDES

Près de 90 % des diplômés d'un DUT du domaine informatique poursuivent leurs études. Ils peuvent renforcer ou élargir leur compétence en préparant une licence professionnelle. Avec un bon dossier, ils peuvent prétendre à l'admission en 3e année de licence, en école d'ingénieurs ou en école de commerce (avec une spécialisation en management des systèmes d'information...).

DUT informatique

POUR QUI ?

Principalement les titulaires du bac S (70 %) ou STI2D (22 %) ; quelques bacheliers ES et STMG.

OÙ ?

Dans 48 établissements, dont 14 avec possibilité de formation par apprentissage.

AU PROGRAMME

Formation à la fois généraliste et pratique, ce DUT aborde tous les domaines de l'informatique : le développement de logiciels, les bases de données, les réseaux. La moitié du programme est consacrée aux enseignements professionnels. Ils portent sur les algorithmes et la programmation, les langages informatiques (Java...), la programmation web et mobile (smartphones, tablettes...), l'architecture des systèmes et des réseaux, les systèmes de gestion de bases de données. Les étudiants apprennent aussi à assister et à former les utilisateurs de l'informatique. L'enseignement général inclut notamment les mathématiques, la gestion, l'économie, le droit, la communication et l'anglais.

ET APRÈS ?

Insertion professionnelle dans les secteurs de l'informatique de gestion, de l'informatique scientifique, industrielle ou technique, en tant que développeur... Plus de 90 % des diplômés poursuivent leurs études, pour la plupart jusqu'au diplôme d'ingénieur ou au master (après une licence).

Bacheliers STI2D et STMG : quel soutien ?

L'avis d'Aurélie Olivesi,
directrice des études (2de année) à l'IUT informatique de l'université Claude Bernard Lyon1

« Même si le bac STI2D aborde davantage l'informatique que le bac STMG (spécialité systèmes d'information de gestion), tous ces bacheliers suivent une brève mise à niveau méthodologique (prise de notes, rédaction...). Dès l'entrée en DUT, ils sont répartis par groupes de 20, au lieu de 28 pour les autres bacheliers. Des professeurs des matières techniques dispensent des cours de soutien aux élèves volontaires. Des étudiants d'un bon niveau proposent un tutorat. Les bacheliers STI2D et STMG peuvent être autorisés à redoubler le 1er semestre et à préparer ainsi le DUT plus lentement. Enfin, un accompagnement personnalisé est en place tout au long de la formation. »

Et aussi : 4 DEUST, équivalents au DUT mais plus pointus. Adresses p 116.

DUT génie électrique et informatique industrielle (GEII)

POUR QUI ?

Principalement les titulaires d'un bac S (53 %) ou STI2D (37 %), quelques bacheliers professionnels.

OÙ ?

Dans 53 établissements, dont 28 avec possibilité de formation par apprentissage.

AU PROGRAMME

Cette formation porte sur l'énergie électrique, l'électrotechnique, l'électronique de puissance, l'électronique analogique et numérique et l'informatique industrielle (automatisation, programmation, systèmes informatiques embarqués...). Une partie aborde l'étude des outils logiciels. Les étudiants apprennent à concevoir et à réaliser des circuits électroniques, à contrôler des processus industriels, à travailler sur des équipements électriques spécialisés... Un tiers du programme est consacré aux enseignements généraux (mathématiques, physique, anglais, communication, connaissance de l'entreprise...).

ET APRÈS ?

Insertion professionnelle comme technicien d'essais, technicien méthodes ou développeur en informatique industrielle dans des secteurs très variés tels que l'industrie, l'électronique, le transport, la santé, les télécommunications... Près de 90 % des diplômés poursuivent leurs études en licence professionnelle, en école d'ingénieurs ou en master après une licence générale.

DUT métiers du multimédia et de l'Internet (MMI)

POUR QUI ?

Principalement des titulaires du bac S (38 %), ES (21 %) ou STI2D (21 %) ; quelques bacheliers STMG (7 %) et L (6 %).

OÙ ?

Dans 32 établissements, dont 7 avec possibilité de formation par apprentissage.

AU PROGRAMME

Ce DUT forme à la conception et à la réalisation de sites internet et de produits multimédias (affiches, sites web, jeux en ligne ou sur mobile...). Pluridisciplinaire, il associe l'informatique à la culture du web (communication, design numérique...). Une partie de la formation porte sur l'information et la communication, l'écriture pour les médias numériques, l'expression artistique, la gestion de projet, l'entreprise. Une autre partie concerne l'aspect technologique : services réseaux (infrastructure, administration et sécurité), programmation, production audiovisuelle (image, son, montage), infographie. Les étudiants apprennent à analyser les besoins des usagers, à développer un site web ou une application mobile, à organiser et à gérer des bases de données...

ET APRÈS ?

Environ 13 % des diplômés accèdent à des postes de concepteur multimédia, intégrateur, infographiste... ; 58 % se spécialisent en licence professionnelle (création multimédia pour le Web, webdesigner, webmaster, développeur...) ; les autres rejoignent une licence, une école d'ingénieurs ou de commerce.

DUT réseaux et télécommunications

POUR QUI ?

Principalement des titulaires du bac S (48 %) et du bac STI2D (38 %), la spécialité systèmes d'information et numérique étant la plus adaptée. Quelques bacheliers professionnels systèmes numériques (6 %) avec un très bon niveau.

OÙ ?

Dans 30 établissements, dont 18 avec possibilité de formation par apprentissage.

AU PROGRAMME

Les étudiants apprennent à installer et à gérer tous les types de réseaux informatiques (locaux ou étendus, Internet, intranet..) et de télécommunications intégrant les dernières technologies et leurs outils associés (smartphone, tablette, écran intelligent...) : comment faire communiquer un ordinateur et un smartphone, un ordinateur et un serveur ; comment mettre en place le réseau et le sécuriser ; quels services proposer aux utilisateurs (accès Internet et messagerie, stockage d'informations...). L'enseignement général et scientifique (mathématiques, électronique, développement, programmation client-serveur, bases de données, communication, anglais) représente plus de 40 % du programme.

ET APRÈS ?

Insertion professionnelle en tant que technicien systèmes et réseaux, développeur d'applications pour mobiles... Près de 90 % des étudiants poursuivent leurs études en licence professionnelle, en école d'ingénieurs ou en master après une licence générale.

Quelle sélection ?

L'avis de Thierry Dumartin,
chef de département à l'IUT de La Rochelle (17)

« La sélection des étudiants se fait principalement sur le niveau en mathématiques, en physique, en anglais, et en informatique pour ceux qui ont suivi cet enseignement en terminale. On attache une grande importance à la lettre de motivation qui permet de voir si le lycéen a mûrement réfléchi son projet professionnel. Beaucoup posent leur candidature à la fois pour le DUT informatique et pour le DUT réseaux et télécommunications, souvent sans réelle connaissance des différences entre ces deux cursus. Le DUT informatique porte essentiellement sur le développement logiciel tandis que le DUT réseaux et télécommunications concerne principalement l'administration des réseaux et des systèmes d'information. »

DUT statistique et informatique décisionnelle (STID)

POUR QUI ?

Principalement les titulaires d'un bac S (50 %) ou ES (34 %), ainsi que des bacheliers STI2D (notamment systèmes d'information et numérique) et STMG (notamment systèmes d'information de gestion).

OÙ ?

Dans 12 établissements, dont 4 avec possibilité de formation par apprentissage.

AU PROGRAMME

Cette formation est centrée sur l'analyse et le traitement de données chiffrées à caractère économique, social et scientifique. Les enseignements sont répartis en trois pôles. Le premier porte sur la statistique, les outils mathématiques et les probabilités, l'analyse et la présentation de données. Le deuxième s'intéresse à la programmation, à l'organisation des bases de données, aux systèmes d'information décisionnels, aux tableaux de bord et aux indicateurs de performances. La troisième partie est orientée vers le monde de l'entreprise (économie et droit, gestion, anglais, communication). Par le biais de projets, les étudiants apprennent à réaliser des enquêtes et des sondages, à analyser et synthétiser les résultats sous forme de tableaux, graphiques ou histogrammes.

ET APRÈS ?

Insertion professionnelle en tant que chargé de traitement statistique, gestionnaire de données, chargé d'études marketing, chargé d'études décisionnelles, géostatisticien... 92 % des diplômés poursuivent leurs études en licence professionnelle, en école d'ingénieurs ou en master après une licence générale.

Un projet par an

L'avis de Sophie Lambert-Lacroix,
responsable du département STID de l'IUT 2 de l'université Grenoble Alpes (38)

« Répartis en groupes de quatre ou cinq, les étudiants de 1re et de 2de année réalisent un projet pour un commanditaire, à l'occasion notamment de la Coupe Icare, qui a lieu chaque année en Isère. Pour cette manifestation mondiale de sports aériens ultra-légers, le département et la métropole grenobloise mettent en place des moyens de transport : navettes, prêts de vélos, parkings relais... Les étudiants se déplacent sur le terrain et demandent aux participants ce qu'ils pensent de cette offre de transport. Puis, ils analysent les données qu'ils ont recueillies. »

LES LICENCES PROFESSIONNELLES *à la loupe*

Après un bac + 2

→ en 1 an

Approfondir ses connaissances dans un domaine, effectuer un stage long avant d'accéder à l'emploi, acquérir une seconde compétence : la licence professionnelle répond à différentes motivations.

SÉLECTION

L'admission en licence professionnelle est sélective. Certains profils (BTS, DUT, L2) sont privilégiés, selon la spécialité de la licence. La sélection se fait principalement sur dossier et sur lettre de motivation, auxquels s'ajoute parfois un entretien. Une attention particulière est portée au projet professionnel. Les candidatures aux licences professionnelles en développement web ou applications mobiles doivent s'appuyer sur des applications réalisées personnellement.

PETITS EFFECTIFS

Les cours peuvent avoir lieu à l'université qui délivre le diplôme, mais aussi dans les lycées partenaires qui mettent à disposition des salles et des matériels spécifiques, ou en CFA (centre de formation d'apprentis) pour les étudiants qui effectue leur formation en alternance. Une promotion comptant généralement moins de 30 étudiants, ces derniers bénéficient d'un bon accompagnement.

UNE FORMATION PROFESSIONNELLE

Point fort de cette formation : la mise en situation professionnelle. Les étudiants effectuent 12 à 16 semaines de stage et réalisent un projet tutoré en petits groupes, le plus souvent en partenariat avec une entreprise : création d'un logiciel de gestion ou d'un site web... Les cours sont assurés conjointement par des enseignants et des professionnels.

OBJECTIF INSERTION

En principe, la licence professionnelle n'appelle pas de poursuite d'études. Les diplômés sont opérationnels dès leur sortie : ils ont renforcé leur pratique du terrain et obtenu un niveau bac + 3. Par rapport aux diplômés bac + 2, ils bénéficient d'un atout supplémentaire pour s'insérer sur le marché du travail avec souvent plus de responsabilités.

Repère

Les dossiers de candidature sont généralement déposés entre février-mars et mai.

Quelles sont les spécialisations proposées ?

La plupart des licences professionnelles forment des développeurs d'applications, une fonction qui concentre les besoins du marché. D'autres sont spécialisées dans l'infrastructure, au carrefour de l'informatique et des télécommunications : les systèmes d'information et la gestion des bases de données ; l'administration et la sécurité des systèmes ; les réseaux informatiques et de télécommunications ; les réseaux et systèmes automatisés industriels. Quelques licences professionnelles sont dédiées à la conduite de projets informatiques ou aux tests et à la qualité des logiciels.

Quel est le profil des admis ?

Ils sont titulaires d'un bac + 2 (BTS, DUT ou L2) du domaine de la licence professionnelle visée : il faut posséder les connaissances requises pour suivre la formation ; par exemple, pour une licence professionnelle en administration et sécurité des réseaux, un BTS ou un DUT spécialité réseaux. Seront accueillis dans une licence professionnelle spécialisée en informatique industrielle les titulaires d'un BTS ou d'un DUT centré sur les systèmes automatisés, mais aussi des diplômés d'un BTS systèmes numériques option électronique et communications ou d'un DUT génie industriel et maintenance qui souhaitent développer une seconde compétence en programmation. Les formations qui accueillent plusieurs profils débutent par des cours de mise à niveau.

Temps plein ou alternance ?

L'avis de Franck Rubi,
responsable des licences professionnelles en développement d'applications web et informatiques à l'IUT de Bordeaux (33)

« Les étudiants qui ont besoin d'un cadre scolaire ou qui ne se sentent pas prêts à travailler dans l'immédiat privilégient la formation à temps plein à l'université. Le stage de 4 mois leur apporte une bonne expérience professionnelle. Ceux qui préfèrent apprendre par le biais de projets choisissent la formation en contrat de professionnalisation ou d'apprentissage. Une semaine de formation à l'IUT est suivie de 3 semaines de pratique professionnelle en entreprise. En contrepartie d'un fort investissement, ce mode de formation permet d'être rémunéré et d'enrichir son expérience professionnelle. Pour autant, étudiants et alternants reçoivent le même diplôme et trouvent un emploi de développeur informatique sans difficulté. »

LES LICENCES ET LES MASTERS *à la loupe*

Après le bac

→ en 3 à 5 ans

Repère

L1, L2, L3 : les 3 années de licence. Accès direct possible en L2 ou L3, sur dossier, après un BTS, un DUT, une classe prépa.

M1, M2 : les 2 années de master. Accès sélectif en M1, en M2 pour les masters de droit selon des modalités propres à chaque master (dossier, examen...). Voir le portail national « Trouver mon master » (www.trouvermonmaster.gouv.fr).

Info@

www.onisep.fr/organisation_licence
Pour découvrir les 3 ans de licence.

www.onisep.fr/reussir_licence
Pour passer le cap de la 1re année à la fac.

L'université prépare à tous les métiers de l'informatique, des réseaux et des télécommunications. Abordant les technologies innovantes, les masters ont une bonne visibilité auprès des recruteurs.

UN PARCOURS EN DEUX TEMPS

Les études longues à l'université commencent par la licence (bac + 3), qui donne un socle de connaissances en sciences et en informatique. Pour développer leurs compétences professionnelles, les titulaires d'une licence poursuivent le plus souvent en master ou en école d'ingénieurs. Ceux qui ne souhaitent pas aller jusqu'à bac + 5 peuvent préparer, en une année, une licence professionnelle après la 2e année de licence (L2).

BIEN CHOISIR SA FILIÈRE

La licence d'informatique correspond-elle à mon profil de bac et à mon projet ? Il est indispensable de recueillir l'avis d'enseignants lors des JPO (journées portes ouvertes) ou en recourant à l'aide à l'orientation proposée pendant la procédure d'inscription APB. Si la plupart des licences sont ouvertes à tous les bacheliers, selon les filières, certaines séries de bac sont plus adaptées que d'autres.

SPÉCIALISATION PROGRESSIVE

Assurant la transition entre le lycée et l'université, le programme de L1 est pluridisciplinaire (mathématiques, électronique, physique...), ce qui facilite les réorientations si besoin. Les 2 années suivantes (L2 et L3) permettent d'approfondir les bases de la discipline suivie. Amorcée en L2 ou L3 par un choix de parcours, la spécialisation se dessine au cours des 2 années de master. Des stages réalisés dès la licence ou un cursus suivi en apprentissage sont l'occasion de renforcer son expérience du terrain.

LIBERTÉ À SURVEILLER

En arrivant à l'université, les étudiants peuvent avoir l'impression que le rythme de travail est moins intensif qu'au lycée. Pourtant, revoir ses cours, les enrichir par des recherches personnelles, préparer les TP (travaux pratiques) et les TD (travaux dirigés), cela exige un investissement personnel important. Le tutorat proposé par des étudiants plus avancés, les séances de soutien assurées par les enseignants et les bilans d'étape constituent autant d'aides pour réussir.

Quel est le programme de la licence d'informatique ?

Les licences mention informatique débutent généralement par un portail scientifique (au 1er semestre ou tout au long de la L1) qui associe plusieurs disciplines : très souvent, mathématiques, physique, informatique. Le niveau requis en mathématiques est celui d'une bonne terminale S. En L2 et L3, le programme est centré sur la culture scientifique (mathématiques, statistique...) et sur les bases de l'informatique et du développement logiciel : algorithmique, programmation, systèmes d'information et bases de données, systèmes d'exploitation et réseaux, fonctionnement des ordinateurs. Les spécialités des parcours de L3 varient d'une université à l'autre : informatique générale, de gestion ou industrielle, génie logiciel, systèmes et réseaux, bio-informatique, statistique et informatique décisionnelle...

Qu'est-ce qu'une licence MIASHS ?

Les licences mention MIASHS (mathématiques et informatique appliquées aux sciences humaines et sociales) allient l'étude des mathématiques (analyse, algèbre, probabilités, statistique), de l'informatique (langages, algorithmique, bases de données...) et d'une discipline de sciences humaines et sociales (géographie, histoire, démographie, économie, sciences du langage, sciences cognitives...). Après la licence, des parcours de master préparent aux métiers de l'analyse statistique, du big data, du traitement automatique du langage, de l'intelligence artificielle...

Existe-t-il des filières de licence spécifiques ?

Une dizaine d'universités proposent un cursus master en ingénierie **(CMI réseau Figure)** qui débute dès l'entrée en L1 (accès sélectif). Les étudiants travaillent en petits effectifs et suivent un programme de formation renforcé.

Quelques universités associent à leur licence un cycle préparatoire aux concours des écoles d'ingénieurs.

20 universités offrent le cursus **MIAGE** (méthodes informatiques appliquées à la gestion, *lire p. 82*), accessible en L3 (accès sélectif) et se poursuivant en master. Ce cursus recrute principalement des étudiants ayant validé une L2 informatique et des titulaires de BTS et DUT informatique, mais aussi des titulaires d'une L2 en gestion ou MIASHS (mathématiques et informatique appliquées aux sciences humaines et sociales).

Deux **magistères** *(lire p. 119)* d'informatique (à Grenoble et à Rennes) permettent de s'initier à la recherche, de la L3 (accès sélectif) au M2.

Certaines licences mention sciences pour l'ingénieur et mention EEA (électronique, énergie électrique, automatique) offrent des parcours dédiés aux télécommunications ou à l'informatique industrielle.

Quelles sont les spécialisations des masters d'informatique ?

Les parcours des masters sont centrés sur la conception et le développement de systèmes d'information et de logiciels complexes, sur l'administration des réseaux, sur la sécurité des systèmes, sur les systèmes embarqués et temps réel, sur le traitement d'images (réalité virtuelle et augmentée, imagerie médicale, multimédia, interfaces homme-machine), sur les objets intelligents, sur l'informatique décisionnelle et sur les systèmes distribués, sur la modélisation et le traitement de l'information, sur la bio-informatique. À double compétence, informatique et gestion, le master MIAGE (méthodes informatiques appliquées à la gestion) propose parfois une orientation spécifique : informatique décisionnelle et *big data*, génie logiciel, maîtrise des risques, etc. Certains masters mention réseaux et télécommunications abordent l'architecture et l'administration des systèmes et réseaux, les réseaux mobiles, les systèmes répartis (machines connectées en réseau).

Les études de gestion peuvent-elles conduire à l'informatique ?

Plusieurs IAE (instituts d'administration des entreprises) délivrent des masters mention management des systèmes d'information. Ils accueillent principalement (accès sélectif) des titulaires de licences d'économie et gestion et, en moins grand nombre, d'informatique. Après un renforcement des connaissances en gestion, le programme est axé sur les systèmes d'information. Des parcours dédiés aux métiers du conseil sont proposés.

Les points forts des MIAGE ?

L'avis de Daniel Marquié,
responsable de la MIAGE de l'université Toulouse 3

« Le cursus MIAGE (méthodes informatiques appliquées à la gestion) forme des généralistes du traitement numérique de l'information pour tous les secteurs : industrie, entreprises commerciales, banques, assurances, logistique, entreprises de services du numérique, etc. Les étudiants apprennent à concevoir, développer et faire évoluer des applications informatiques pour la gestion d'entreprises. En sciences du numérique, ils étudient les technologies les plus récentes. En management, ils reçoivent une formation en contrôle de gestion, finance, gestion des ressources humaines et droit, tout au long des 3 ans du cursus. Cette double compétence est très recherchée, notamment en ingénierie du développement logiciel, conseil et audit informatique et gestion de projet. Parmi les quelque 1200 diplômés qui sortent chaque année, environ 800 effectuent tout ou partie du cursus en apprentissage. »

LES ÉCOLES D'INGÉNIEURS à la loupe

Les écoles d'ingénieurs entièrement dédiées à l'informatique ou offrant une spécialisation dans ce domaine sont nombreuses. Leurs diplômés sont très recherchés par les recruteurs.

EN 3 ANS, EN 5 ANS

5 années d'études après le bac sont nécessaires pour obtenir le diplôme d'ingénieur, reconnu par la CTI (Commission des titres d'ingénieur). Mais le temps passé en école d'ingénieurs varie selon le parcours choisi. Certains établissements accueillent des bacheliers pour un cursus en 5 ans débutant par 2 années de cycle préparatoire. Plus nombreuses, les écoles en 3 ans recrutent majoritairement des étudiants issus de prépas (CPGE), ou d'autres bac + 2 scientifiques et technologiques via les admissions parallèles.

UNE ENTRÉE SÉLECTIVE

Pour les concours post-bac, la sélection, souvent commune à plusieurs écoles, s'effectue sur dossier, entretien et/ou épreuves. Si les bacheliers S sont majoritaires, les profils technologiques sont également admis. Pour les concours post-prépa, prévoir 3 à 4 jours d'épreuves portant sur l'ensemble des matières abordées en CPGE scientifiques. En admissions parallèles, place à l'étude du dossier, parfois assortie d'épreuves.

DES SCIENCES, MAIS PAS SEULEMENT

Dominantes au début, les disciplines scientifiques de base (mathématiques, physique, électronique, informatique...) laissent progressivement la place aux enseignements de la spécialité : mathématiques pour l'informaticien, langages, algorithmique, programmation et génie logiciel, systèmes d'exploitation... Le programme inclut des cours de langues, de gestion d'entreprise et de droit. Au menu aussi : sensibilisation à la recherche et ouverture à l'international.

CAP SUR UN MÉTIER

Pour rendre les futurs ingénieurs opérationnels, les stages occupent au minimum 28 semaines de la formation, et de nombreux projets de groupes initient les élèves au travail en équipe. Cours assurés par des professionnels en exercice, visites de sites, forums de recrutement, missions en junior-entreprises et formules en apprentissage contribuent à l'ancrage terrain.

Après le bac
→ en 5 ans

Après un bac + 2
→ en 3 ans

Repère

Les frais de scolarité sont de 610 € par an dans la plupart des écoles publiques, qui sont les plus nombreuses. Dans certains établissements privés, ils peuvent s'élever jusqu'à 8 000 € l'année.

Info@

www.onisep.fr/ecoles_ingenieurs
Sur la sélection et l'organisation des écoles d'ingénieurs.

www.onisep.fr/classes_prepa
Sur le fonctionnement des prépas.

Quelles sont les spécialisations le plus souvent proposées ?

Le génie logiciel, le développement et l'exploitation de systèmes d'information, l'informatique industrielle, les systèmes embarqués et temps réel, les réseaux et télécommunications, la sécurité sont largement représentés. Plusieurs écoles offrent une spécialisation en *big data*, informatique décisionnelle, *cloud computing*, objets connectés et intelligents.

Quelques spécialisations pointues ?

Une dizaine d'écoles offrent la possibilité de se spécialiser en **réalité virtuelle**, synthèse d'images, **réalité augmentée** pour le jeu vidéo : Efrei, Ensi Caen, Ensiie, Epita, Esipe Marne-la-Vallée, Polytech Nice, Télécom SudParis... Des formations en génie logiciel pour le **multimédia et les mobiles** sont notamment proposées à Centrale Lille, l'IG2I Lens et Polytech Grenoble. Les systèmes d'information pour la **finance** sont enseignés à l'Efrei, Grenoble INP Ensimag, Polytech Nice, Télécom SudParis. L'informatique dédiée à la **supply chain** (logistique) est proposée aux Mines Saint-Étienne-Ismin Gardanne, la **géomatique** à l'Esipe Marne-la-Vallée. L'informatique pour la **santé** (imagerie médicale, architecture des systèmes d'information pour la santé...) est enseignée à l'Isep Paris, l'Isis Castres, Polytech Grenoble, Télécom Physique Strasbourg ; la **bio-informatique** à l'ISBS-Paris (Esipe) et à l'École polytechnique. Citons Bordeaux l'INP-ENSC et l'ENI Brest pour l'**intelligence artificielle**.

Quel parcours jusqu'à la spécialisation ?

L'avis de Nicolas Brunel,
directeur de la formation et de la pédagogie à l'Ensiie Évry (91)

« L'Ensiie apportant une double compétence en mathématiques et en informatique, ces deux disciplines couvrent deux tiers du programme de 1re année : probabilités, statistiques, analyse numérique ; programmation (avec l'étude de trois langages), stockage et traitement des données.
En 2e année, les étudiants réalisent un projet, par exemple un logiciel de paie ou un site web, et amorcent leur spécialisation. Ils y ont réfléchi dès la 1re année par le biais de conférences métiers. Parmi les parcours possibles : la modélisation mathématique pour la finance, l'assurance ou la data science ; le génie logiciel ; l'interactivité numérique (intelligence artificielle, réalité virtuelle) avec la possibilité de suivre une 3e année dédiée aux jeux vidéos et aux objets connectés. »

Peut-on entrer en école après le bac ?

Une quarantaine d'écoles proposent un cursus en 5 ans. Certaines sont généralistes, comme les Polytech, d'autres sont spécialisées en informatique, comme 3IL, l'Efrei et l'Epita. Elles accueillent majoritairement des bacheliers S. Un bon nombre d'entre elles offrent 5 à 10 % des places aux bacheliers STI2D. Quatre écoles (Efrei, Esiea, Esigetel, 3IL ingénieurs) accueillent des bacheliers ES (spécialité mathématiques) via le concours Alpha. Les cursus en 5 ans débutent par un cycle préparatoire de 2 ans qui est propre à l'école ou commun à un réseau d'écoles (réseau Polytech, par exemple). Dans les deux cas, l'admission en cycle ingénieur dépend de la réussite au contrôle continu.

Quelles sont les classes préparatoires adaptées ?

Les classes préparatoires scientifiques donnent accès à toutes les écoles en 3 ans (une quarantaine) ainsi qu'aux cycles ingénieurs des écoles en 5 ans. Les concours font la part belle aux prépas réservées aux bacheliers S (MP, PC, PSI, PT). Cependant, un grand nombre d'écoles offrent un petit nombre de places aux bacheliers STI2D qui ont suivi une prépa TSI.

Quelles sont les chances d'accès sans passer par une prépa ?

Quasiment toutes les écoles réservent des places aux titulaires de diplômes de niveau bac + 2 à bac + 5. Une quinzaine de cursus enseignés uniquement par apprentissage (ITII, EI Cnam...) ciblent même majoritairement les diplômés à bac + 2 et + 3. Globalement, ce sont les titulaires de DUT qui obtiennent le plus grand nombre de places, devant les titulaires de L2 ou L3 scientifique et les titulaires de BTS. Pour accroître leurs chances de réussite, ces derniers ont intérêt à suivre une année préparatoire intitulée ATS ingénierie industrielle. Implantées dans 35 lycées, ces classes préparatoires accueillent des titulaires de BTS et de DUT. Enfin, certaines écoles intègrent des étudiants issus d'une PACES (première année commune aux études de santé) en 2de année du cycle préparatoire.

LES ÉCOLES DE COMMERCE *à la loupe*

Après le bac

→ en 3, 4 ou 5 ans

Après un bac + 2

→ en 3 ans

Une douzaine d'écoles de commerce proposent une formation en management des systèmes d'information par le biais de cursus en 4 ans (BBA), de programmes « grande école » (bac + 5) et de doubles diplômes.

APRÈS LE BAC

En 3, 4 ou 5 ans, ces écoles s'adressent en priorité aux bacheliers ES, S et STMG. Elles sont accessibles sur concours. Les écrits (QCM de logique, d'anglais, résumé de texte) ont lieu avant ceux du bac. S'ils ne nécessitent pas de révisions particulières, ils supposent d'avoir fait les démarches d'inscription à temps.

APRÈS UN BAC + 2

Les écoles en 3 ans, qui conduisent au niveau master, sont accessibles après 2 ans de classes préparatoires aux grandes écoles (CPGE) économiques et commerciales (moins de la moitié des élèves), ou après un bac + 2 (DUT, BTS ou L2), un bac + 3 ou un bac + 4 via les admissions parallèles. Les CPGE économiques et commerciales mettent l'accent sur les mathématiques, l'économie et la culture générale. Les élèves des classes prépa littéraires bénéficient de places dans certaines écoles.

PLUS OU MOINS RECONNUES

Avec un coût moyen de 9 000 € par an, une école de commerce ne se choisit pas au hasard. Quelques labels distinguent les formations de qualité : la reconnaissance de l'établissement par l'État, le visa du diplôme par le ministère chargé de l'Enseignement supérieur, le grade de master pour les formations menant à un bac + 5.

PLUS OU MOINS SPÉCIALISÉES

Comptabilité, marketing, communication, contrôle de gestion, droit des affaires, ressources humaines... les premières années sont généralistes et couvrent l'ensemble des fonctions de l'entreprise. Les spécialisations, plus ou moins marquées, interviennent en fin de parcours. Stages, travaux de groupe et interventions de professionnels : la pratique occupe toujours une place de choix. Autres spécificités de ces cursus : la vie associative et l'ouverture à l'international (au moins 1 semestre à l'étranger, pour un échange universitaire ou un stage en entreprise).

Repère

Prépas économiques : options économique (ECE) pour les bacheliers ES, scientifique (ECS) pour les S, technologique (ECT) pour les STMG.

Prépas littéraires : accès aux écoles de la BCE (banque commune d'épreuves).

À savoir

BBA : bachelor of business administration

Info@

www.onisep.fr/ecoles_commerce

www.onisep.fr/classes_prepa

Quels sont les cursus en management des systèmes d'information (MSI) ?

Plusieurs cursus « grande école » (bac + 5) proposent une spécialisation de dernière année en MSI : EM Normandie et Grenoble école de management en partenariat avec l'Emsi ; l'Ieseg ; l'ISC Paris ; Skema ; Télécom École de management... En plus du diplôme de leur école, les étudiants de l'EM Normandie et de Grenoble EM obtiennent un titre spécialité systèmes d'information (niveau master). Grenoble EM et l'Eisti Cergy-Pontoise (école d'ingénieurs en mathématiques et informatique) organisent conjointement un cursus en 4 ans d'ingénieur manager. Réservé aux scientifiques (prépa ou licence), il conduit à un double diplôme et à une licence d'informatique (université de Cergy-Pontoise). En 4 ans après le bac, il est possible d'obtenir un bachelor of business administration à Neoma-Cesem et à l'EM Lyon.

Quel est le programme ?

Au menu : l'organisation, le pilotage et l'audit des systèmes d'information, notamment ceux dédiés au marketing, aux ressources humaines, au contrôle de gestion, à la logistique ; le développement ; les bases de données ; la sécurité. Les étudiants travaillent en petites équipes sur un cas réel proposé par une entreprise. À l'EM Normandie, à Grenoble EM et à Télécom EM, il est possible de suivre la formation en alternance.

Quel profil donne la formation ?

L'avis de François Trouillet,
directeur de l'École de management des systèmes d'information (Emsi Grenoble École de management)

« Le cursus manager des systèmes d'information et du numérique forme des profils hybrides, aptes à piloter des projets informatiques en s'appuyant sur leur connaissance des métiers de l'entreprise (gestion, commercialisation, marketing...) : grâce à leur double compétence, ils comprennent bien les besoins des différents services. La formation accueille à la fois des étudiants en 3e année du programme « grande école » de Grenoble EM et des diplômés de licence professionnelle ou de bachelor informatique. Le premier poste occupé est souvent dans la ligne de la formation initiale (management ou informatique). Cependant, tous les diplômés peuvent accéder à la fonction de chef de projet. »

LES FORMATIONS SPÉCIALISÉES *à la loupe*

Après le bac

→ en 1 à 5 ans

Plus d'une centaine d'écoles privées et d'organismes forment aux métiers de l'informatique, souvent par l'alternance.

APRÈS LE BAC OU PLUS

Les formations en informatique sont accessibles à différents niveaux. Plusieurs CFA (centre de formation d'apprentis), le Cesi Alternance, le Cnam et le bachelor d'Eseo, proposent des cursus courts (en exploitation ou développement informatiques) ouverts aux bacheliers. Ces derniers ont aussi accès aux cursus en 5 ans de l'Epitech, de l'Epsi, de Supinfo, qui prévoient également des entrées après 1 à 3 années d'études supérieures. Après un bac + 2, un bac + 3 ou un bac + 4 en informatique, il est possible de perfectionner ses connaissances en génie logiciel ou dans les systèmes, notamment au Cnam, au Cesi Alternance et à Efficom.

PLUSIEURS SPÉCIALITÉS

Selon les établissements, les formations se déroulent sur quelques mois ou sur 1 à 5 ans. Elles couvrent différentes spécialités en maintenance, administration des systèmes et des réseaux, sécurité, développement d'applications ou architecture des systèmes d'information.

PAR L'ALTERNANCE

La plupart de ces formations peuvent être suivies en alternance, sous contrat d'apprentissage ou de professionnalisation. L'alternant partage son temps entre l'organisme de formation et l'entreprise qui l'accueille. Salarié, il est rémunéré et ses frais d'inscription sont pris en charge.

PLUS OU MOINS RECONNUES

Dans les écoles privées, les droits de scolarité peuvent dépasser 7 000 € par an : il est important d'évaluer la qualité de l'enseignement. Différents critères sont à prendre en compte : la notoriété de l'école ; la reconnaissance par l'État de l'établissement, qui conditionne l'accès aux bourses sur critères sociaux ; la valeur des diplômes. Ces établissements délivrent, en effet, des diplômes d'écoles ou des titres professionnels dont certains sont certifiés au RNCP. Par ailleurs, toutes les formations ayant reçu le label Grande École du numérique sont reconnues par l'État.

Info@

Certains titres sont répertoriés au niveau bac + 2, bac + 3/4 ou bac + 5 par le RNCP.

Consulter : **www.onisep.fr/titres_RNCP**

Comment accède-t-on à ces formations ?

Si les formations du réseau Grande École du numérique accueillent des candidats sans qualification, d'autres requièrent un diplôme en informatique, notamment les cursus post-bac + 2. Dans tous les cas, les candidats peuvent être soumis à des tests écrits ou oraux de logique, de mémoire, de culture générale, de connaissances informatiques, voire de français, d'anglais et/ou de mathématiques. La motivation des candidats étant un critère essentiel, l'entretien est déterminant pour l'admission. Cesi Alternance y ajoute des tests d'orientation et de positionnement afin de vérifier que le cursus choisi est bien en adéquation avec les projets du candidat.

Quelles sont les méthodes pédagogiques ?

Centrées sur l'informatique et la pratique professionnelle, les formations spécialisées accordent beaucoup moins de place à la culture scientifique et générale (mathématiques, gestion et droit d'entreprise...) que les formations d'ingénieurs. D'emblée, les étudiants apprennent les bases de l'informatique, les langages, le développement web, le développement mobile... Le cursus de l'Epitech débute par un mois d'intégration en 1re année, où les participants apprennent à coder sans professeurs à l'aide de vidéos, d'exercices et de travail collectif. Dans tous les cursus, la pédagogie s'appuie sur des exercices à rendre régulièrement, des travaux et des projets à réaliser en groupe. Par ailleurs, plus les formations sont courtes, plus le rythme de travail est soutenu.

Qu'est-ce que « La Grande École du Numérique » ?

L'avis de Samia Ghozlane,
directrice de La Grande École du Numérique.

« La Grande École du Numérique est un réseau regroupant actuellement 268 formations aux métiers du numérique, reconnues par l'État et par les professionnels. Ouvertes à tous, ces formations labellisées accueillent prioritairement, et gratuitement, des jeunes de 18 à 30 ans déscolarisés ou en recherche d'emploi. Adaptées aux besoins des recruteurs, ces formations courtes (de 3 mois à 2 ans) visent l'accès à l'emploi : des métiers du développement à ceux des systèmes et réseaux en passant par le Web. Elles peuvent aussi servir de passerelles vers d'autres formations. La pédagogie par projet est fondée sur la pratique et l'accompagnement des élèves. »

PARCOURS D'ÉTUDES

À chacun son chemin

Il existe des passerelles entre les filières.

Supérieur

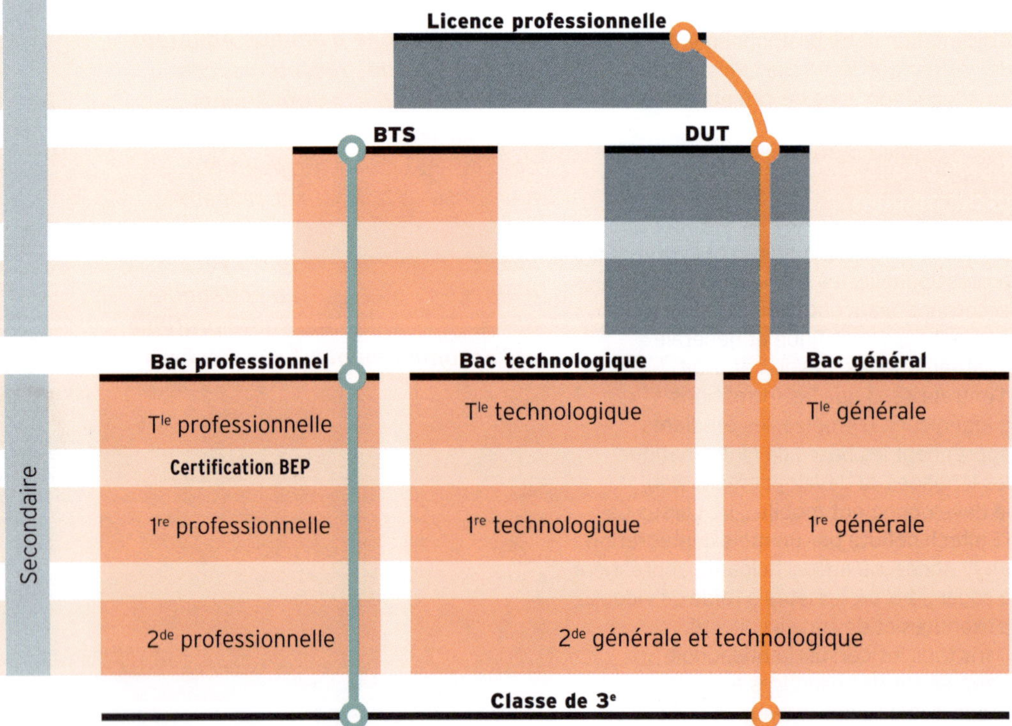

Alexandre Bellin
du bac pro systèmes numériques au BTS → p. 92

Miléna Gonçalves Moita
du bac ES à la licence professionnelle → p. 93

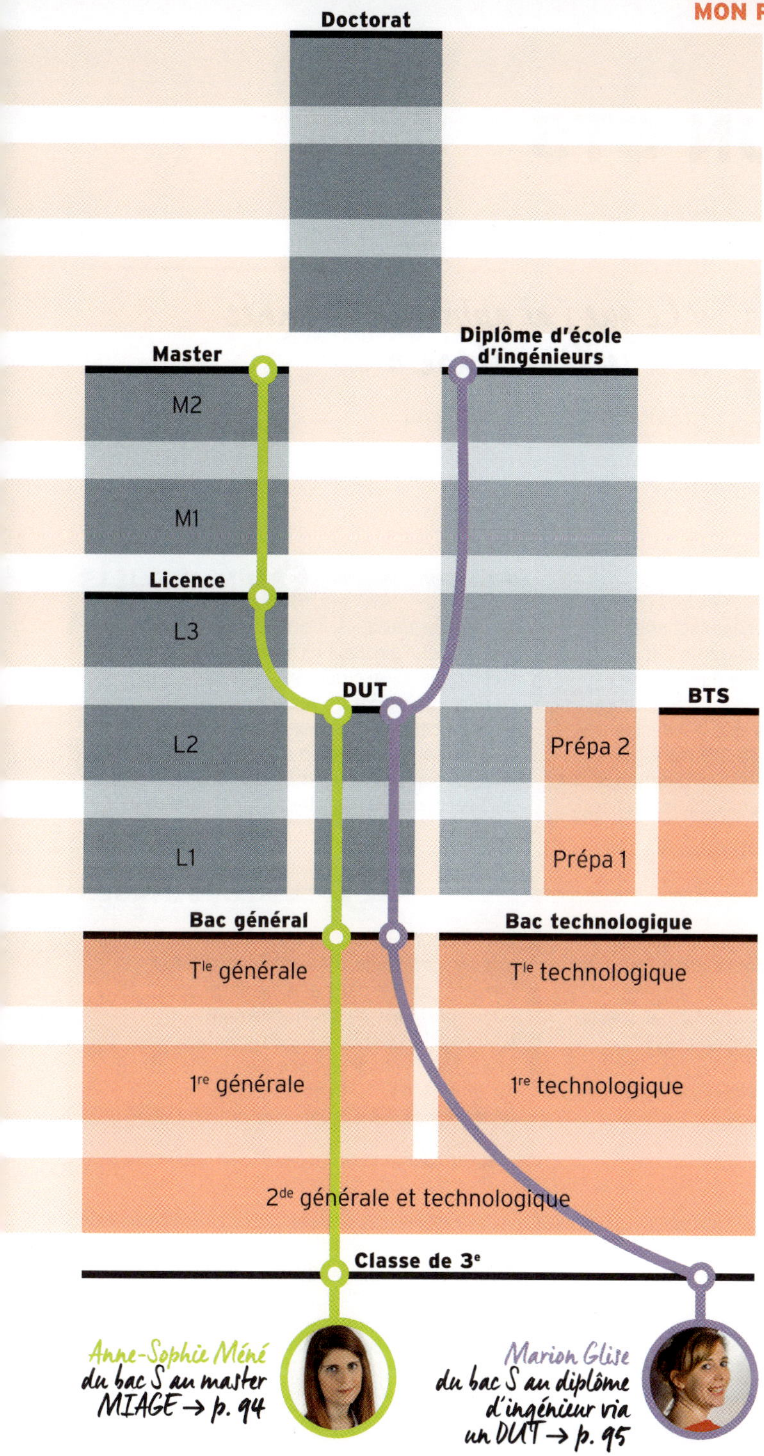

Légende

Lycée

École

Université

Diplôme

Lexique

BEP : brevet d'études professionnelles

BTS : brevet de technicien supérieur

D : doctorat

DUT : diplôme universitaire de technologie

L : licence

M : master

VERS UN BTS

« Ce que j'ai appris en 1re année m'a servi en stage. »
Alexandre Bellin, 22 ans

1 BAC PRO SN

Sa passion pour les nouvelles technologies a poussé Alexandre à préparer le bac professionnel SN (systèmes numériques). *« Ce bac m'a permis de découvrir plusieurs domaines dont l'informatique. »* Il décide ensuite de préparer le BTS SIO (services informatiques aux organisations) option SLAM (solutions logicielles et applications métiers).

2 BTS SIO

L'option SLAM est centrée sur la programmation. *« Les 6 premiers mois ont exigé un fort investissement de ma part pour apprendre les bases en développement informatique. »* Finalement, cela s'est très bien passé : Alexandre est sorti major de sa promotion.

3 MINI-PROJETS

En travaux pratiques, il a réalisé des « mini-projets » et a ainsi appris à trouver des solutions techniques. *« J'ai étudié les différentes étapes du développement d'une application web, de la conception du cahier des charges jusqu'à la livraison. »* La création d'un site Internet l'a initié à l'écriture et aux technologies web ainsi qu'à l'ergonomie des sites.

4 PLUSIEURS STAGES

« Tout ce que j'ai appris en 1re année m'a servi en stage. » Alexandre a en effet terminé l'année dans une médiathèque, où il a participé au développement d'un logiciel destiné à répertorier les livres et à gérer le stock en ligne. De plus, les stages de 2de année lui ont permis d'approfondir le développement d'une application : cahier des charges, relation clients, tests, livraison...

Alexandre est aujourd'hui développeur web dans une entreprise digitale et envisage à l'avenir de créer son entreprise.

VERS UNE LICENCE PROFESSIONNELLE

« Mon chef m'a laissée gérer le projet. »
Miléna Gonçalves Moita, 21 ans

1 BAC ES

Son goût pour les mathématiques a décidé Miléna à préparer un bac économique et social spécialité mathématiques. *« Étant très intéressée par les nouvelles technologies, j'ai ensuite décidé de poursuivre des études supérieures dans ce domaine. »*

2 DUT RÉSEAUX ET TÉLÉCOMMUNICATIONS

Son choix se porte sur le DUT réseaux et télécommunications. Elle s'intéresse particulièrement aux réseaux informatiques et aux nouvelles techniques de communication (wifi). *« Cette formation m'a permis d'approcher différents domaines : les réseaux et les télécoms, mais aussi la programmation, le développement web, l'informatique, la téléphonie... Grâce à cette pluridisciplinarité, il est plus facile de choisir ensuite une spécialisation. »*

3 LICENCE PROFESSIONNELLE

« Lors du stage de fin de DUT, je me suis aperçue que j'apprenais mieux par la pratique. » Elle prépare alors en alternance une licence professionnelle centrée sur la sécurité des réseaux. *« Dans la continuité du DUT, elle allait m'apporter la dimension professionnelle que je recherchais. »*

4 EN APPRENTISSAGE

Apprentie au sein d'un établissement public, Miléna réalise deux projets, dont le remplacement de certains équipements du réseau (commutateurs et routeurs). *« Tout en m'encadrant, mon chef m'a laissée gérer le projet : choix et mise en place des matériels, supervision du site. »*

Incitée par son maître d'apprentissage à se présenter à un concours de la fonction publique d'État, elle est recrutée en tant que technicienne de réseaux.

VERS UN MASTER

« Cette formation m'a donné une double casquette. »
Anne-Sophie Méné, 24 ans

1 DUT GEA

Après son bac, Anne-Sophie s'oriente vers l'administration et la gestion d'entreprise. *« Je craignais que le BTS comptabilité et gestion soit trop spécialisé. J'ai donc opté pour le DUT GEA (gestion des entreprises et des administrations) qui me semblait déboucher sur un champ plus large de métiers. »*

2 L'INFORMATIQUE VIA UN STAGE

« En stage de DUT, j'ai mis à jour des bases de données et réalisé l'importance de l'informatique dans les activités de gestion d'entreprise. Cette expérience m'a convaincue de compléter mon DUT par des compétences technologiques, en préparant une licence MIAGE (méthodes informatiques appliquées à la gestion des entreprises). »

3 L3 MIAGE

La majorité de la promotion étant diplômée en informatique, le programme comprend 2 semaines de mise à niveau, des bilans comptables aux algorithmes. *« Cette formation m'a donné une double casquette. En stage dans une start-up, je suis intervenue à la fois sur la saisie d'opérations de comptabilité et sur la refonte du système d'information. »*

4 APPRENTISSAGE EN MASTER

En master MIAGE, Anne-Sophie choisit l'alternance pour ajouter 2 ans d'expérience professionnelle à son CV. Apprentie au sein d'un groupe de télécommunications, elle est en immersion dans l'entreprise pour des périodes de 3 mois. *« Bases de données, conception des systèmes d'information, algorithmie... j'ai mis en pratique et adapté les enseignements du master à ma mission en entreprise. Les projets étaient de plus en plus complexes, par exemple l'automatisation des facturations. »*

Tout juste diplômée, Anne-Sophie a été recrutée par un groupe immobilier. Elle gère et fait évoluer des applications de comptabilité et de finance.

VERS UN DIPLÔME D'INGÉNIEUR

« Après 9 mois en Irlande, je parlais anglais couramment. »
Marion Glise, 24 ans

1 DUT INFORMATIQUE

Lycéenne, Marion est déjà à l'aise avec les ordinateurs. Elle découvre d'autres facettes de l'informatique en DUT. *« J'ai appris à développer des logiciels et des sites Internet, à gérer des bases de données. Cela m'a beaucoup plu. J'ai mis en pratique ces 2 ans d'études en stage : développement d'un logiciel et création d'une base de données associée. »*

2 BACHELOR IRLANDAIS

Après le DUT, Marion part en Irlande pour étudier dans une université partenaire de son IUT. Elle prépare un DUETI (diplôme universitaire d'études technologiques internationales) et un *bachelor of science*, correspondant à la licence. *« J'ai obtenu le* bachelor*, et surtout, après 9 mois d'études, je parlais anglais couramment. »* Pour mieux se préparer à intégrer le monde de l'entreprise, elle poursuit ses études en école d'ingénieurs, à l'ITII Alsace.

3 INGÉNIEURE PAR APPRENTISSAGE

À l'ITII, aux côtés d'étudiants issus d'autres formations, elle revoit les fondamentaux de l'informatique. Les cours portent également sur la gestion de projets, le management d'équipes, la qualité et les réglementations. En apprentissage, Marion travaille une semaine sur deux dans une entreprise pharmaceutique. *« Cela m'a permis d'avoir un pied dans l'entreprise, en tant que salariée, tout en étant encadrée par l'école. »*

4 3 ANS D'EXPÉRIENCE

« Mes missions ont évolué au fil des 3 années. J'ai d'abord formé le personnel de l'entreprise à l'utilisation de certains logiciels. Puis, dans le cadre du projet de fin d'études, j'ai vérifié la compatibilité d'un nouveau logiciel de production avec l'architecture de la base de données de l'entreprise. »

Dès sa dernière année d'études et une fois diplômée, Marion a reçu plusieurs propositions d'emploi, la plupart provenant d'entreprises de services du numérique.

DEVENEZ SPÉCIALISTE EN
CYBERSÉCURITÉ
Manager en Ingénierie Informatique
Formation accessible après
un BAC+2 en Informatique
Bac +5
EN ALTERNANCE
Contact
04 90 81 54 50
castelnau.valerie@afpi84.com
www.formation-technologique.fr
AFPI / CFAI
pôle formation des industries technologiques
CRÉATEUR DE COMPÉTENCES
VAUCLUSE

EISTI
ÉCOLE D'INGÉNIEURS MATHÉMATIQUES - INFORMATIQUE
ÉTABLISSEMENT D'ENSEIGNEMENT SUPÉRIEUR PRIVÉ D'INTÉRÊT GÉNÉRAL
Reconnu par l'État et habilité par la Commission des Titres d'Ingénieur
DÉCOUVRIR
DEVENIR
SE RÉALISER
www.eisti.fr

EMPLOI

LES EMPLOYEURS DU SECTEUR

Les informaticiens exercent à parts égales dans les entreprises du numérique (sociétés de services et éditeurs de logiciels) et dans les entreprises utilisatrices de l'informatique.

LES SOCIÉTÉS DE SERVICES

Les cabinets de conseil en technologies numériques et les ESN (entreprises de services du numérique) réalisent des prestations numériques pour les entreprises : audit, architecture et sécurisation des systèmes, paramétrage de progiciels, développement de logiciels spécifiques et infogérance d'installations. Les ESN sont généralistes ou spécialisées dans les réseaux, l'informatique industrielle, l'informatique de gestion ou financière... Lorsque l'intervention est assurée en régie, l'ESN détache ses informaticiens au sein de l'entreprise, cette dernière assurant la maîtrise d'œuvre du projet. Pour une prestation au forfait, l'ESN est responsable de tout ou partie du projet. Les ESN et les cabinets de conseil emploient environ 70 000 ingénieurs et constituent le premier recruteur de jeunes diplômés.

LES ÉDITEURS DE LOGICIELS

La France se place en 5e position, sur le plan mondial, dans l'édition de logiciels. 2 500 sociétés spécialisées développent des progiciels de gestion d'entreprise, des logiciels embarqués pour l'industrie, des logiciels dédiés à la banque, aux professions de santé ou aux jeux vidéo... Les éditeurs de logiciels emploient de nombreux développeurs (un tiers de leurs effectifs), mais aussi des ingénieurs logiciels, des intégrateurs, des commerciaux... Plus de 100 000 emplois sont dédiés à la recherche et au développement, un chiffre en progression.

Les distributeurs de matériels emploient des technico-commerciaux.

LES OPÉRATEURS DE TÉLÉCOMMUNICATIONS

Aux côtés des principaux opérateurs (Altice, Bouygues, Free, Orange), les opérateurs de réseaux mobiles qui ne possèdent pas de réseaux propres sont de plus en plus nombreux. La concurrence suscite l'innovation, et les jeunes diplômés sont attendus pour concevoir des réseaux sans fil et des services mobiles.

LES *START-UP* DU NUMÉRIQUE

Ces entreprises en devenir créent des applications mobiles, des objets connectés, des sites d'e-commerce... Selon une étude du cabinet d'audit EY, leur croissance est portée par un fort développement à l'international. Leurs effectifs ont augmenté de 27 % en 2015, les recrutements concernant majoritairement des développeurs.

LES ENTREPRISES UTILISATRICES

Quasiment toutes les entreprises commerciales ou industrielles d'une certaine taille disposent d'un service informatique. Tout en confiant certains projets à des sociétés de services et de conseil, elles emploient environ 400 000 informaticiens qui veillent en interne sur les systèmes d'information. De plus, les entreprises industrielles et de transport recrutent des spécialistes des logiciels embarqués.

LES CONDITIONS DE TRAVAIL

À la variété des missions s'ajoute la nécessité de répondre rapidement aux demandes avec une obligation de résultat : l'informaticien travaille dans un environnement dynamique.

L'activité
Des tâches variées

Un consultant doit s'adapter à différents univers d'entreprises et à des interlocuteurs variés. Il peut travailler successivement pour un fournisseur d'énergie, une imprimerie et une entreprise aéronautique. Ses missions sont chaque fois différentes. *« Grâce à nos capacités techniques, relationnelles et commerciales, nous sommes polyvalents »*, précise un consultant *big data*. Une polyvalence qui s'impose dans les *start-up* : *« Dans notre petite structure, nous n'avons pas les moyens d'employer un commercial. En parallèle de nos missions de conseil, nous produisons notamment des* newsletters *»*, souligne un consultant *cloud computing*.

Le travail d'équipe
Mutualisation des compétences

L'image de l'informaticien travaillant seul face à son ordinateur est réductrice. Pour réaliser un projet, il est au contraire entouré d'autres consultants et des salariés de l'entreprise. *« Même si les tâches sont réparties entre nous, on s'entraide entre développeurs, pour corriger un bug par exemple. Et les responsables nous conseillent aussi grâce à leur expérience »*, confie une développeuse.

La mobilité
Là où se trouve le client

Les consultants effectuent des missions d'une durée de quelques mois à un an auprès d'une entreprise avant d'en changer. *« La mobilité en région est inscrite dans notre contrat*, précise une consultante informatique. *Il est aussi possible d'intervenir à l'étranger. »* Un consultant *cloud computing* explique : *« L'enjeu est de gagner la confiance du client pour essayer de trouver avec lui les meilleures solutions à ses problèmes. Il serait très difficile de le faire à distance. »* Une évidence aussi pour un ingénieur d'affaires.

© CYRIL LAURET/ONISEP

Le réseau professionnel
Conférences et salons

Pour mettre à jour leurs connaissances, les informaticiens assistent à des conférences en France et à l'étranger. *« Elles me permettent de faire de la veille et de rencontrer d'autres spécialistes »*, explique une professionnelle. Les spécialistes en *big data*, *cloud computing* et réalité virtuelle du monde entier se retrouvent par ailleurs sur des salons pour mener des réflexions autour des nouvelles technologies et faire évoluer leur métier.

Le temps de travail
Permanences assurées

Certains professionnels des systèmes et des réseaux opèrent souvent de nuit, pour éviter de perturber le fonctionnement de l'entreprise. La maintenance et la sécurité informatiques imposent des périodes d'astreinte, la nuit et le week-end. Une spécialiste en sécurité informatique indique ainsi ne pas compter ses heures : *« Je consulte régulièrement mes mails, même le soir, pour vérifier qu'aucun problème n'a été signalé. »* En cas de panne ou d'attaque informatique, les interventions ne se font pas sans stress car l'activité d'une entreprise en dépend. Les situations d'urgence peuvent concerner toutes les fonctions. *« Un bug sur un logiciel doit être résolu rapidement si le client souhaite utiliser ce dernier dans la journée »*, remarque une développeuse logiciel. Une responsable d'affaires précise de son côté : *« Je travaille fréquemment le soir, le week-end, voire pendant les vacances. »*

La carrière
Selon la compétence

Au sein des entreprises de services du numérique, un jeune ingénieur acquiert rapidement de l'expérience : en 3 ans, il a participé à trois ou quatre projets. Les parcours professionnels reposent sur l'évaluation des compétences. *« Dans mon cabinet de conseil, notre progression est évaluée chaque année à partir d'une grille de compétences »*, précise une consultante. Les plus motivés peuvent devenir chefs de projet après 4 ou 5 ans et une formation interne à la gestion de projet.

LES TENDANCES DU RECRUTEMENT

Dynamique, le secteur numérique crée des emplois et fait la part belle aux jeunes diplômés. Les femmes sont particulièrement attendues.

Des besoins importants

La transformation numérique de notre société est largement entamée et nul ne peut y échapper. Une aubaine pour les informaticiens qui sont recherchés par les éditeurs de logiciels et les ESN (entreprises de services du numérique), sans oublier les entreprises et les administrations. Les changements de logiciels y sont fréquents et les infrastructures informatiques doivent être renouvelées tous les 3 à 5 ans. Syntec numérique, principal syndicat des entreprises du secteur numérique, table ainsi sur 14 000 créations d'emploi en 2017 dans les ESN, chez les éditeurs de logiciels et dans les sociétés de conseil en technologie. Cela, sans compter l'industrie, les banques, les assurances, la distribution ou encore les transports, qui renforcent leurs équipes, notamment avec des spécialistes en sécurité, *big data* ou *cloud computing*, domaines émergents à forts potentiels.

Certains métiers en tension

Dans un secteur très mouvant où les techniques d'il y a 5 ans sont obsolètes, les bons profils et les jeunes diplômés sont très attendus. Les concepteurs-développeurs manquent cruellement et les ingénieurs système et réseaux sont régulièrement débauchés.
La demande est particulièrement forte pour les ingénieurs et les experts (architectes, *big data*, sécurité), mais aussi pour les détenteurs d'une double compétence, commerciale et technique notamment.

3 700 emplois dans le big data, qui pourraient s'élever à 8 800 en 2018.

Les profils recherchés

Répartition des offres d'emploi par niveaux d'études

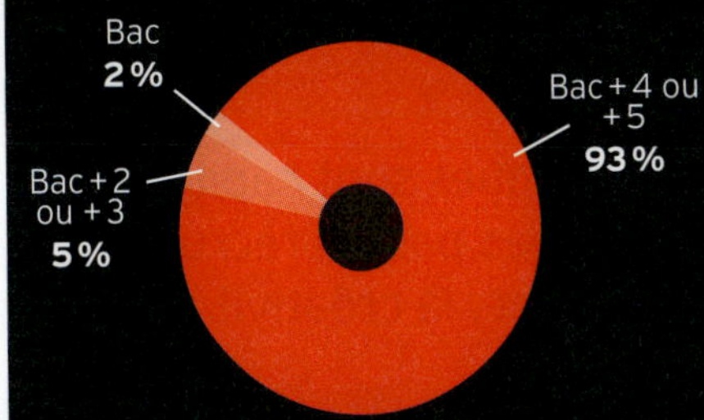

Source : annonces d'emploi multisite, traitement Jobijoba.

70 000

ingénieurs dans les entreprises du numérique dont 11 700 recrutés en 2015

Source : enquête de la société Ingénieurs et Scientifiques de France, 2016.

52 %

des salariés des entreprises du numériques sont implantés en Ile-de-France

Source : Bipe, 2015.

Surtout des bac + 5

Si certains postes, comme ceux de développeurs, sont accessibles à bac + 2 ou + 3, le niveau bac + 5 apparaît de plus en plus comme un gage d'adaptabilité. « *Les grandes entreprises cherchent des jeunes qui maîtrisent l'anglais et plusieurs langages informatiques. Elles absorbent les promotions d'ingénieurs alors que les entreprises de taille moindre accueillent plus souvent des diplômés de niveau bac + 2 ou + 3 et des jeunes qu'elles forment en alternance* », observe Philippe Thépault, du Fafiec*. Différents profils se partagent les postes de niveau bac + 5 : « *Si les écoles d'ingénieurs bénéficient des partenariats qu'elles ont tissés avec les entreprises, les masters tirent bien leur épingle du jeu* », souligne Olivier Coone, de Syntec numérique.

* Fonds d'assurance formation, ingénierie et conseil.

L'expérience valorisée

Le secteur de l'informatique fait la part belle aux jeunes profils : 50 % des ingénieurs ne dépassent pas 35 ans. Mais on ne devient pas chef de projet à la sortie de l'école. Beaucoup de jeunes diplômés font leurs premières armes comme consultants. Cela permet d'acquérir une certaine polyvalence et d'enrichir ses connaissances dans les métiers des entreprises. L'apprentissage et les stages sont aussi l'occasion de se spécialiser peu à peu dans un secteur d'activité et, souvent, de trouver un emploi. « *Nous accueillons des jeunes qui préparent un master en alternance ou effectuent leurs stages de fin d'études. Encadrés par des responsables techniques, ils participent à des projets. Très souvent, ils sont ensuite recrutés en CDI* », affirme Chloé Bihoreau, responsable recrutement chez Capgemini.

LES COMPÉTENCES ATTENDUES

Si les connaissances scientifiques et techniques sont capitales, d'autres aptitudes sont jugées indispensables par les recruteurs : le sens de la communication, l'esprit d'équipe, la créativité...

Missions de conseil
Comprendre le client

Que leurs missions consistent à améliorer le système d'information d'une entreprise ou à le rendre plus fiable, les consultants doivent trouver la solution adéquate. Cela implique pour eux de comprendre rapidement le fonctionnement de l'entreprise cliente en posant des questions pertinentes aux différents services utilisateurs (comptabilité, ressources humaines, ventes...). Atteindre cet objectif est plus facile lorsque l'on possède une double culture : informatique et gestion d'entreprise, informatique et finance, informatique et marketing, informatique et gestion de production industrielle... Pour acquérir cette seconde compétence, il est possible de compléter sa formation d'informaticien par un master, notamment le master administration des entreprises.
Il est aussi possible de suivre un double cursus école d'ingénieur et école de commerce. Le choix des stages joue, par ailleurs, un rôle important.

Esprit collaboratif
Travailler ensemble

Dans une société de conseil comme dans le service informatique d'une entreprise, la réalisation d'un projet mobilise plusieurs collaborateurs.
Chaque informaticien apporte sa compétence. Il doit être prêt à partager ses connaissances et à informer ses collègues de l'avancée de ses travaux. De plus, l'entraide entre collaborateurs est indispensable pour vaincre les difficultés.
La complexité des projets actuels impose que tous les participants fassent preuve de solidarité. C'est pourquoi l'esprit d'équipe est une valeur importante aux yeux des recruteurs. Lors d'un entretien d'embauche, il est donc judicieux de mettre en avant les projets que l'on a réalisés en équipe, et d'expliquer de quelle façon on a interagi avec ses coéquipiers ou coordonné la réalisation de ces projets.

© LORADO / ISTOCK.COM

Évolutions technologiques
Toujours au top

Les métiers de l'informatique évoluent très vite. *« Certaines connaissances se périment en 6 mois. Une veille technologique est indispensable »*, observe un consultant cloud computing. Le plus souvent, les étudiants sont sensibilisés à cette démarche. *« On leur apprend à apprendre. Ils complètent souvent les cours en consultant des Mooc (cours diffusés sur Internet). Ils sont entraînés à l'utilisation de ce que l'on appelle les méthodes agiles et réalisent en un mois des projets autrefois développés en 6 mois. Cela demande une grande réactivité »*, observe François Trouillet, directeur de l'Emsi de Grenoble.

Gestion de projet
L'aptitude au management

Il n'est pas rare qu'un consultant devienne chef de projet après 4 ou 5 ans d'expérience. Encore faut-il qu'il ait développé des qualités managériales. Faire ses premières armes en tant qu'étudiant est possible, soit en animant le bureau des élèves de la formation, soit en s'impliquant dans une junior-entreprise. Fonctionnant comme une petite entreprise, cette dernière propose la réalisation d'études pour des clients. Un responsable de projet y assure, par exemple, la prospection des clients et la coordination du projet.

Communication
Du français à l'anglais

Une bonne expression écrite est un atout non négligeable : pour rédiger des propositions commerciales, des cahiers des charges, des comptes rendus. La communication orale aussi est importante pour échanger avec des clients et des collaborateurs. Et pas uniquement en français. *« Je travaille au quotidien en anglais, soit avec certains clients, soit avec les collègues indiens de nos équipes »*, note une consultante. Pour s'y préparer, le VIE (volontariat international en entreprise) permet d'exercer de véritables responsabilités professionnelles à l'étranger. Proposé aux diplômés de niveau bac + 2 à bac + 5, le VIE consiste à réaliser une mission pour une entreprise dans le cadre d'un contrat d'environ 18 mois.

MES DÉBUTS EN ENTREPRISE

Jonathan Mercier-Ganady,
ingénieur de recherche chez Artefacto

CV

- DUT informatique
- Diplôme d'ingénieur de Polytech Paris-Sud
- Thèse de doctorat en informatique

Son conseil !

« Un débutant, notamment en jeux vidéo, a intérêt à présenter un projet personnel, par exemple la création d'un logiciel. Cela compense le manque d'expérience. »

« J'ai préparé mon DUT et mon diplôme d'ingénieur par apprentissage dans une entreprise de jeux vidéo en tant que développeur », se souvient Jonathan. *« J'y ai appris des choses qui me servent encore aujourd'hui. En école, l'informatique est enseignée de façon théorique. Le terrain est indispensable. »*

De la programmation à l'innovation

Les ingénieurs débutants sont les bienvenus pour la production de jeux vidéo. *« Au départ, on fait beaucoup de programmation en se greffant sur un projet existant. On ajoute des fonctionnalités et on les teste à chaque fois, mais il faut faire vite. »* Cette frustration a conduit Jonathan à préparer une thèse sur la réalité augmentée. Un parcours qu'il n'aurait jamais imaginé lorsqu'il était en DUT. *« Certains pensent encore que l'apprentissage ferme des portes »*, regrette-t-il.

Changement de statut

« En arrivant dans une entreprise, il faut d'abord comprendre les méthodes de travail utilisées. Au début, on réalise des tâches simples qui se complexifient peu à peu. » Jonathan apprécie sa position dans l'entreprise spécialisée en réalité augmentée qui l'a recruté il y a un an. *« En tant que docteur, on est davantage écouté et on peut consacrer plus de temps à la qualité »*, estime-t-il.

La méthodologie du chercheur

« Une thèse est souvent difficile à valoriser dans le privé, notamment dans les sociétés de conseil qui ne nous distinguent pas toujours des ingénieurs. » Aussi, Jonathan n'a guère hésité face à l'offre d'Artefacto qui désirait embaucher un doctorant. *« La recherche permet d'acquérir de la rigueur et une vision synthétique des connaissances dans son domaine. »*. Des atouts qui ont fait la différence au moment du recrutement.

MES DÉBUTS EN CABINET DE CONSEIL

Hélène Geiger,
manager chez Accenture

CV

- DUT techniques de commercialisation
- Double diplôme de Grenoble École de management et de l'Emsi Grenoble obtenu en alternance chez Total

Recrutée en tant qu'analyste par Accenture il y a 6 ans, Hélène a depuis gravi plusieurs échelons. *« Des amis de ma promotion y avaient fait leur année de césure avant d'y être embauchés. Ils m'ont donné envie de postuler. »* De plus, un programme mis en place par le cabinet de conseil permet aux diplômés d'être coachés par des anciens de leur école. *« Nous les aidons à se préparer aux sélections et répondons à leurs questions. »*

Test de personnalité

Le processus de recrutement comporte un *serious game* qui, selon Hélène, *« permet de comprendre le travail d'un consultant et de voir si l'on est fait pour ça »*. S'y ajoutent un entretien de motivation et une étude de cas axée sur le travail en groupe, un critère essentiel pour les futurs analystes. La maîtrise du français et de l'anglais est un prérequis, ainsi qu'un esprit analytique. Flexibilité, sens de l'initiative et du contact sont aussi appréciés.

Formation interne

Lors de l'intégration, les recrues sont guidées par un parrain. *« Pendant 2 semaines, j'ai été formée à la méthodologie. Par la suite, j'ai suivi environ une formation par an à l'étranger pour apprendre d'autres outils et d'autres méthodes »*, souligne Hélène. Ces formations sont également l'occasion d'élargir son réseau.

Prise de responsabilités

« Au début, j'ai été surprise d'être en relation avec autant de personnes dans le monde entier », se souvient Hélène, qui est partie en mission dès le troisième jour. *« Même si j'étais accompagnée par un senior, j'ai apprécié que l'on me fasse confiance. »* Essai gagnant pour la jeune femme, nommée consultante un an après son embauche, puis manager d'une équipe de 10 personnes 5 ans plus tard.

Son conseil !

« Il est important de rester soi-même à l'entretien et d'avoir réfléchi à son projet professionnel. Il faut se renseigner sur les métiers accessibles aux débutants ainsi que sur les évolutions. »

MES DÉBUTS EN *START-UP*

Pierre Rannou,
co-fondateur de la start-up Flat

CV

Diplôme d'expert en technologies de l'information à l'Epitech

« On voulait créer un changement dans la composition musicale. » C'est en réalisant leur projet de fin d'études que Pierre et trois étudiants de sa promotion ont eu l'idée de créer Flat, un site d'édition de partitions de musique qui permet d'écrire à plusieurs.

Son conseil !

« Pour réussir, il faut viser un produit porteur et s'accrocher. On souhaite y consacrer entre 5 et 10 ans de sa vie ; autant prendre du plaisir dès le début. »

Répondre à la demande

Tous les quatre sont musiciens. Pierre a suivi le conservatoire pendant 10 ans. Avec Flat, ils ont voulu réaliser un outil abordable et accessible à tous. *« On s'est rendu compte que beaucoup de musiciens avaient un véritable attrait pour notre produit. »* La jeune société a très rapidement pris de l'importance. *« Nous sommes passés de 0 à 450 000 utilisateurs en 16 mois. Flat compte aujourd'hui neuf salariés à plein temps. »*

Trouver des aides

Pierre et ses associés ont travaillé sur le projet pendant une année avant de rencontrer deux investisseurs, des musiciens passionnés par leur projet. Ils ont également fait appel à The Family, une société d'investissement qui accompagne les *start-up* dans leurs démarches. *« Quand nous avons eu besoin d'ouvrir un compte en banque pour facturer notre produit à nos clients, cela nous a permis d'aller plus vite. Et, pour créer notre structure juridique, nous n'avons pas eu besoin de prouver à un avocat que notre projet était fiable. »*

Cibler la clientèle

S'adressant aux professionnels comme aux débutants, Flat est utilisé par des professeurs et leurs étudiants. *« Des enseignants américains ont vite été intéressés et ce produit dédié à l'enseignement a continué de s'étendre partout dans le monde. »* Et, grâce à un partenariat avec Google for Education, leur application a pris toute sa dimension éducative.

Grenoble INP
Ensimag
Une voie...
...plusieurs choix
Objets connectés
FabLab
Cloud
Datascience
Systèmes d'information
BigData
Cybersecurity
Réalité virtuelle
Finance
Masters
Systèmes embarqués
Ingénieur du numérique
ensimag.grenoble-inp.fr
École Publique, double compétence Informatique et Mathématiques Appliquées

À DÉCOUVRIR !
INFOSUP
onisep
BAC
S
Quelles poursuites d'études ?
20
domaines d'activité à la loupe
700
diplômes et écoles
LES FILIÈRES D'ÉTUDES
les points de repère
4000
adresses
Préparer
11€
En vente sur www.onisep.fr/lalibrairie
onisep

GUIDE PRATIQUE

COMPARER LES FILIÈRES

D'un coup d'œil, retrouvez les caractéristiques des principales filières citées dans cette publication.

	BTS	DUT	Licence pro
Reconnaissance	Diplôme national	Diplôme national	Diplôme national
Établissement	Section de techniciens supérieurs, en lycée ou en école	Institut universitaire de technologie, à l'université	Université
Niveau d'admission	Bac	Bac	Bac + 2
Durée des études	2 ans	2 ans	1 an
Accès	Sur dossier, parfois entretien	Sur dossier, parfois entretien	Sur dossier et entretien
Stages	8 à 12 semaines	10 à 16 semaines	12 à 16 semaines
Apprentissage	Oui (offre variable selon les spécialités)	Oui (offre variable selon les spécialités)	Oui (offre variable selon les spécialités)
Validation	Examen final avec une part de contrôle continu	Contrôle continu	Contrôle continu et/ou examen final
Droits annuels de la scolarité	Gratuité dans le public, variables dans le privé	184 € ; gratuité pour les boursiers	184 € ; gratuité pour les boursiers
Poursuite d'études	Pour 53 % des étudiants, mais variable selon les spécialités	Pour 89 % des étudiants, mais variable selon les spécialités	Pour environ 34 % des étudiants

	Licence	Master	Diplôme d'ingénieur	Diplôme d'école de commerce
	Diplôme national	Diplôme national	Diplôme habilité par la CTI[2]	Diplôme d'école[3]
	Université	Université	École d'ingénieurs	École de commerce
	Bac	Licence	Bac ou bac + 2	Bac ou bac + 2
	3 ans	2 ans	3 à 5 ans, selon le niveau d'admission	3, 4 ou 5 ans selon les diplômes et niveaux d'admission
	Pas de sélection à l'entrée en L1, mais avoir un profil adapté à la filière	Sur dossier et entretien pour certains masters	Sur épreuves, ou sur dossier et entretien	Sur épreuves
	Facultatifs le plus souvent	6 mois en moyenne	28 semaines au minimum pendant le cycle ingénieur	Durée variable selon les écoles
	Très rare	Oui (offre variable selon les spécialités)	Oui (offre variable selon les écoles)	Oui (offre variable selon les écoles)
	Contrôle continu et/ou examen final	Contrôle continu et/ou examen final	Contrôle continu	Contrôle continu
	184 € ; gratuité pour les boursiers	256 € ; gratuité pour les boursiers	610 € dans la majorité des écoles publiques ; jusqu'à 8 000 € dans les écoles privées ; gratuité pour les boursiers de certaines écoles	Coût variable selon les cursus
	En master le plus souvent	Doctorat	Pour 16 % des diplômés (mastère spécialisé, doctorat)	Variable selon les niveaux de sortie

1. Coûts pour l'année 2016-2017. À noter : pour les apprentis, les droits de scolarité sont à la charge de l'employeur.
2. Commission des titres d'ingénieur. 3. Le visa du ministère chargé de l'Enseignement supérieur accordé à certains diplômes d'écoles de commerce officialise leur niveau académique et garantit leur qualité.

PRÉPARER SON ENTRÉE DANS LE SUPÉRIEUR

Dès la classe de 1re, commencez à construire votre parcours, étape par étape.

Classe de 1re

SEPTEMBRE À DÉCEMBRE

→ Engagez le **dialogue** avec l'équipe éducative et participez aux **actions d'orientation et d'information** organisées dans votre lycée.

→ Profitez des **salons d'orientation** ou des **conférences thématiques** organisés dans votre région pour engager la réflexion avec vos proches, en prolongement de l'accompagnement effectué en classe.

→ Sur **www.onisep.fr**, consultez le guide *Entrer dans le sup après le bac* de votre région. Il permet de repérer toute l'offre de formation dans votre académie, avec indication des cursus publics et privés. Pour plus d'informations, consultez l'onglet « Après le bac » sur **www.onisep.fr**.

→ Pour une réflexion approfondie autour de vos centres d'intérêt et des formations que vous envisagez, prenez rendez-vous au **CIO (centre d'information et d'orientation)** le plus proche de chez vous.

DÉCEMBRE À FÉVRIER

→ Universités, écoles, CFA (centres de formation d'apprentis)... les établissements organisent des **JPO (journées portes ouvertes)**. Retrouvez les dates de ces journées sur **www.onisep.fr**, dans l'espace dédié à votre région ou sur le site de votre rectorat.

→ Des **journées d'immersion** permettent aussi de découvrir les formations des universités, seul ou avec sa classe. C'est l'occasion de rencontrer des étudiants et des enseignants, de suivre certains cours et de sentir l'atmosphère de travail.

→ L'accès à l'immense majorité des places dans le supérieur est régi par la **procédure nationale APB (Admission post-bac)**. Renseignez-vous sur les modalités, le calendrier, etc. Et familiarisez-vous avec l'utilisation d'APB en allant sur le site **www.simulation-apb.fr**.

Classe de terminale

SEPTEMBRE À DÉCEMBRE

→ Repérez sur **www.onisep.fr_APB** les filières pour lesquelles l'inscription s'effectue via la procédure Admission post-bac, et celles qui ont leurs propres procédures d'inscription.

→ Pour des renseignements précis sur une filière d'études, n'hésitez pas à poser toutes vos questions par courrier électronique, tchat ou téléphone aux conseillers du service **www.monorientationenligne.fr** de l'Onisep.

DÉCEMBRE À MARS

→ Sur **www.onisep.fr**, consultez le guide *Entrer dans le sup après le bac* de votre région pour connaître l'offre de formation. Dès janvier, saisissez vos vœux sur **www.admission-postbac.fr**, ou directement auprès des établissements pour ceux qui ne relèvent pas de la procédure APB. Si vous cherchez une formation en **apprentissage**, postulez également auprès des entreprises.

→ Poursuivez aussi les **visites d'établissements**.

Info +

Le site **www.admission-postbac.fr** permet aux élèves de terminale d'effectuer des demandes d'inscription dans la plupart des filières du supérieur. Dès le mois de décembre, vous y trouverez la liste des formations ouvertes à la rentrée suivante, le calendrier et les différentes étapes à respecter, les profils particuliers (déjà bachelier, bac obtenu à l'étranger). Ceux qui optent pour l'université peuvent aussi faire une demande de conseil (dite « orientation active ») au sujet des licences qui les intéressent.

LIBRAIRIE

www.onisep.fr/lalibrairie

RETROUVEZ ET COMMANDEZ LES PUBLICATIONS DE L'ONISEP EN VERSION PAPIER ET AU FORMAT NUMÉRIQUE

TOUTE L'INFO SUR LES MÉTIERS ET LES FORMATIONS

onisep

Liberté • Égalité • Fraternité
RÉPUBLIQUE FRANÇAISE

MINISTÈRE DE L'ÉDUCATION NATIONALE

MINISTÈRE DE L'ENSEIGNEMENT SUPÉRIEUR, DE LA RECHERCHE ET DE L'INNOVATION

CARNET D'ADRESSES DES FORMATIONS

L'information sur les formations et les établissements est mise à jour sur **www.onisep.fr**.

Au sommaire

BTS

Les adresses des établissements qui préparent aux BTS présentés dans cette brochure peuvent être consultées sur www.onisep.fr.

DUT

Les adresses des établissements qui préparent aux DUT présentés dans cette brochure peuvent être consultées sur www.onisep.fr.

DEUST

De même niveau que le DUT, le diplôme d'études universitaires scientifiques et techniques se prépare à l'université en 2 ans après le bac.

■ Informatique d'organisation et systèmes d'information :
• Univ. de Valenciennes

■ Maintenance et infrastructures de réseaux :
• Univ. de Lille - Sciences et technologies Villeneuve-d'Ascq

■ Systèmes d'information et réseaux, gestion et développement :
• Univ. Panthéon-Assas Paris **A**

LICENCES PROFESSIONNELLES

Liste des licences professionnelles les plus représentatives de la filière informatique, avec, pour chacune, l'université qui y prépare. Les formations en apprentissage sont signalées par un **A**.

■ Activités et techniques de communication spécialité design numérique :
Univ. de Corse P. Paoli Corte **A**

■ Aménagement du territoire et urbanisme spécialité analyse de données géo-référencées appliquées au développement local, à la distribution et aux services :
Univ. du Maine Le Mans

■ Automatique et informatique industrielle spécialité(s) :
• automatique et robotique industrielles pour l'assemblage : Univ. de Franche-Comté Besançon **A**,
• automatismes industriels : Lycée G de Bouillon/Lycée La Fayette Clermont-Ferrand, Univ. B. Pascal Aubière **A**
• automatismes, réseaux et télémaintenance : Univ. de Picardie Cuffies **A**
• automatismes, réseaux industriels, vision et ergonomie : Univ. B. Pascal Montluçon
• robotique et vision industrielle : Lycée M Curie Nogent-sur-Oise **A**, Univ. de Picardie **A**
• supervision des automatismes et des réseaux : Univ. d'Orléans Châteauroux **A**
• systèmes automatisés et réseaux industriels : Univ. d'Aix-Marseille Salon-de-Provence, Univ. de Haute-Alsace Mulhouse **A**, Univ. de Lorraine Cosnes-et-Romain **A**, Univ. de Tours **A**
• systèmes d'information industriels et informatique mobile : Univ. de Reims
• systèmes électroniques et informatiques communicants : Univ. de Nantes Carquefou **A**
• systèmes industriels automatisés et maintenance : Univ. d'Auvergne Aubière

■ Commerce spécialité management informatique et commercial de la relation client, relation fournisseur au niveau national et international :
Univ. Rennes 1 Lannion

■ Logistique spécialité(s) :
• gestion de la chaîne logistique et systèmes d'information : Univ. d'Angers
• optimisation et système d'information pour le pilotage de la chaine logistique : Univ. B. Pascal Montluçon **A**,
• systèmes d'information logistique - supply chain : Univ. de Bourgogne Chalon-sur-Saône

■ Logistique et systèmes d'information :
Univ. de Bordeaux **A**, Univ. Lyon 2 - Lumière Bron **A**

■ Management des organisations spécialité(s) :
• management des réseaux et systèmes d'information : Univ. Panthéon-Assas Paris **A**
• management des systèmes décisionnels : Univ. de Bretagne-Sud Vannes
• statistique décisionnelle en marketing : Univ. de Bretagne-Sud Vannes

■ Métiers de l'électronique : communication, systèmes embarqués :
Univ. de Valenciennes **A**

■ Métiers de l'informatique : administration et sécurité des systèmes et des réseaux :
IMERIR Perpignan **A**, Ina Sup Bry-sur-

Marne **A**, LP J Prévert Combs-la-Ville **A**, Univ. d'Artois Lens, Univ. de Bordeaux Talence **A**, Univ. de Caen **A**, Univ. de Perpignan, Univ. de Valenciennes Maubeuge, Univ. Grenoble Alpes **A**, Univ. Paris 13 Villetaneuse **A**, Univ. Paris-Est Champs-sur-Marne **A**, Univ. Paris-Est Créteil Lieusaint **A**, Univ. Paris-Sud Orsay **A**

■ Métiers de l'informatique : applications web :
Lycée Saliège Balma, Univ. de Bordeaux Gradignan, Univ. de Cergy **A**, Univ. de Perpignan Carcassonne **A**, Univ. de Polynésie Française Faaa, Univ. de Valenciennes, Univ. d'Évry **A**, Univ. du Littoral Calais, Univ. Grenoble Alpes **A**, Univ. Le Havre, Univ. Lyon 1 - C. Bernard Bourg-en-Bresse **A**, Univ. Paris 8 Saint-Denis, Univ. Pierre et Marie Curie Paris **A**, Univ. Toulouse 1 Capitole, Univ. Toulouse 3 P. Sabatier Castres, Université de Lille - sciences et technologies Villeneuve-d'Ascq

■ Métiers de l'informatique : conception, développement et test de logiciels :
CCI Formation multimédia Annecy **A**, Univ. de Savoie Annecy-le-Vieux **A**, Univ. de Bordeaux Gradignan **A**, Univ. de Poitiers Poitiers **A**, Univ. de Valenciennes Maubeuge **A**, Univ. Grenoble Alpes **A**, Univ. Lyon 1 - C. Bernard Bourg-en-Bresse **A**, Univ. Paris 13 Villetaneuse **A**, Univ. Paris 8 Montreuil **A**, Univ. Paris Descartes Paris, Univ. Paris-Est Créteil Fontainebleau **A**, Univ. Toulouse 1 Capitole Rodez, Univ. Toulouse 2 - J. Jaurès Blagnac **A**, Univ. Toulouse 3 P. Sabatier

■ Métiers de l'informatique : conduite de projets :
Univ. de Limoges

■ Métiers de l'informatique : développement d'applications :
Univ. de Montpellier, Univ. Paris-Sud Orsay **A**

■ Métiers de l'informatique : développement internet et intranet :
Univ. de Montpellier

■ Métiers de l'informatique : systèmes d'information et gestion de données :
CNAM Saint-Denis

■ Métiers de l'informatique : systèmes d'information et gestion des bases de données :
Univ. de Limoges, Univ. de Montpellier **A**, Univ. de Versailles St-Quentin Vélizy-Villacoublay **A**, Univ. d'Évry **A**, Univ. Grenoble Alpes **A**, Univ. Toulouse 3 P. Sabatier **A**

■ Métiers des réseaux informatiques et télécommunications :
Centre régional du CNAM Ploufragan, Lycée Parc de Vilgénis Massy **A**, Univ. d'Artois Béthune, Univ. de Cergy **A**, Univ. de La Réunion Saint-Pierre **A**, Univ. de Limoges Brive-la-Gaillarde, Univ. de Montpellier Béziers A, Univ. de Pau Mont-de-Marsan **A**, Univ. de Poitiers Châtellerault **A**, Univ. de Saint-Étienne Roanne **A**, Univ. de Toulon La Garde, Univ. de Valenciennes, Univ. de Versailles St-Quentin Vélizy-Villacoublay **A**, Univ. d'Évry Courcouronnes **A**, Univ. du Littoral Calais, Univ. Grenoble Alpes Saint-Martin-d'Hères **A**, Univ. Lyon 1 - C. Bernard Villeurbanne **A**, Univ. Paris-Est Créteil Vitry-sur-Seine **A**, Univ. Paris-Sud Cachan **A**, Univ. Toulouse 2 - J. Jaurès Blagnac **A**, Université de Lille - sciences et technologies Villeneuve-d'Ascq

■ Métiers du décisionnel et de la statistique :
Univ. de Caen Lisieux, Université de Lille -droit et santé Roubaix **A** Univ. de Pau, Univ. Grenoble Alpes **A**, Univ. Lyon 2 - Lumière Bron **A**, Univ. Paris-Est Champs-sur-Marne **A**

■ Production industrielle spécialité(s) :
- conception 3D avancée et calculs de structures : Univ. de Bourgogne Dijon **A**
- conception de produits automobiles : Univ. d'Orléans **A**, Clermont-Ferrand **A**, Univ. B. Pascal Aubière **A**
- conception intégrée et productique des matériaux : Univ. de Reims Charleville-Mézières
- industrialisation intégrée : Univ. d'Aix-Marseille Aix-en-Provence
- ingénierie simultanée en conception numérique de produits : Lycée G de Bouillon Clermont-Ferrand **A**, Univ. B. Pascal Aubière **A**
- innovation par la conception informatisée : Univ. de Picardie Saint-Quentin **A**
- l'outil informatique pour le génie des procédés : Univ. de Nantes Saint-Nazaire
- méthodes de conception et de production industrielles : Univ. de Lorraine Metz **A**
- micro-procédés - process numériques : Univ. de Franche-Comté Besançon **A**

■ Réseaux et télécommunications spécialité(s) :
- administration et gestion des systèmes et réseaux dans les petites et moyennes organisations : Univ. Rennes 1 Lannion
- administration et sécurité des réseaux : Univ. d'Auvergne Aubière, Univ. de Guyane Kourou, Univ. de Haute-Alsace Colmar **A**, Univ. de La Rochelle **A**, Univ. de Nantes La Roche-sur-Yon **A**, Univ. de Reims Châlons-en-Champagne **A**, Univ. de Rouen Elbeuf, Univ. Rennes 1 Saint-Malo
- administration et sécurité des réseaux d'entreprises : Univ. d'Aix-Marseille Marseille
- chargé d'affaires en réseaux et télécommunications : Univ. de Franche-Comté Montbéliard **A**
- commerce électronique : Univ. de Guyane Cayenne
- développement web et mobilité : Univ. d'Orléans **A**
- intégration des systèmes voix et données : Univ. de Reims Châlons-en-Champagne **A**
- intégration des systèmes voix et données pour l'entreprise : Univ. de Haute-Alsace Colmar **A**, Univ. Rennes 1 Lannion **A**
- intégration-administration des réseaux informatiques : Univ. de Nice **A**
- métiers, produits et services des télécommunications : Univ. de Lorraine Metz
- qualité - sécurité des systèmes d'information : Univ. de Tours Blois **A**
- réseaux et génie informatique : Univ. de Picardie **A**
- réseaux informatiques et internet : Univ. d'Angers **A**
- réseaux sans fil et haut débit : Univ. d'Aix-Marseille Marseille **A**
- réseaux sans fil et sécurité : Univ. de Lorraine Villers-lès-Nancy **A**, Univ. de Nice Valbonne **A**, Univ. Rennes 1 Saint-Malo **A**
- systèmes et réseaux de télécommunication : Univ. de Reims **A**
- web développeur : Univ. de Picardie Saint-Quentin **A**

■ Ressources documentaires et bases de données spécialité(s) :
- traitement et gestion des archives et des bibliothèques : Univ. d'Angers

Licences professionnelles (suite)

Santé spécialité(s) :

- statistique et informatique pour la santé : Univ. de Bretagne-Sud Vannes

Systèmes automatisés, réseaux et informatique industrielle :

Lycée de la Mare Carrée Moissy-Cramayel, Univ. de Bordeaux Gradignan, Univ. de Bretagne occidentale Brest, Univ. de Caen **A**, Univ. de Cergy **A**, Univ. de Saint-Étienne **A**, Univ. de Toulon La Garde, Univ. de Valenciennes, Univ. Lyon 1 - C. Bernard Villeurbanne, Univ. Paris-Est Créteil Lieusaint **A**, Univ. Paris-Sud Cachan **A**, Univ. Toulouse 3 P. Sabatier, Université de Lille - Sciences et Technologies Villeneuve-d'Ascq

Systèmes informatiques et logiciels spécialité(s) :

- administration de réseaux et services : Univ. de Strasbourg **A**
- administration de systèmes, réseaux et applications à base de logiciels libres : Univ. de Lorraine Nancy
- administration système : Univ. de Nice Valbonne **A**
- concepteur - développeur en environnement distribué : Univ. de Strasbourg Illkirch-Graffenstaden **A**
- concepteur-intégrateur de systèmes Internet/intranet pour l'entreprise : Univ. de Lorraine Nancy
- conception d'applications multi-tiers : Univ. de Franche-Comté Belfort
- conception de solution décisionnelle : Univ. de Bretagne-Sud Vannes **A**
- création et administration de systèmes d'information géographique : Univ. de Lorraine Nancy
- création multimédia : Univ. de La Rochelle **A**
- développement d'applications intranet-internet : Univ. d'Auvergne Aubière
- développement d'applications mobiles : Univ. de Nice Valbonne **A**
- développement d'applications réparties : Univ. de Nantes **A**
- développement et administration Internet et intranet : École de l'air Salon-de-Provence, Univ. d'Aix-Marseille Aix-en-Provence
- génie logiciel développement d'applications pour plateformes mobiles : Univ. d'Auvergne Aubière
- gestion et traitement statistique des bases de données : Univ. d'Aix-Marseille Marseille **A**
- gestionnaire de système informatique d'entreprise : Univ. de Bourgogne Auxerre **A**
- image et son : Univ. d'Auvergne Le Puy-en-Velay **A**
- imagerie numérique : École de l'air Salon-de-Provence Salon-de-Provence, Univ. d'Aix-Marseille Arles
- informatique distribuée et système d'information d'entreprise : Univ. de Nice Valbonne **A**
- informatique embarquée et mobile : Lycée J Gaillard Fort-de-France, Univ. des Antilles Schoelcher
- informatique multimédia appliquées : Univ. de Nice
- informatique répartie : Univ. des Antilles Schoelcher **A**
- informatique répartie et mobile : Univ. de La Rochelle **A**
- Internet et médias mobiles : Univ. de Lorraine Saint-Dié-des-Vosges
- logiciels libres : Univ. d'Angers **A**
- métiers de l'administration des systèmes et des réseaux : Univ. de Lorraine Metz **A**
- métiers du génie logiciel : Univ. de Lorraine Metz **A**
- métiers du web et du commerce électronique : Univ. de Lorraine Metz
- multimédia : Univ. d'Auvergne Le Puy-en-Velay **A**
- nouvelles technologies de l'informatique : Univ. d'Aix-Marseille Marseille
- statistiques et informatique décisionnelle : Univ. de Lorraine Metz **A**
- systèmes d'information : intégration et maintenance applicative : Univ. de Bretagne-Sud Vannes **A**
- systèmes d'information géographique : Univ. de La Rochelle
- systèmes intra-Internet pour l'entreprise : Univ. de Bourgogne Dijon
- test et qualité du logiciel : Univ. du Maine Laval **A**

Techniques et activités de l'image et du son spécialité systèmes et réseaux dédiés au spectacle vivant :

Univ. de Nantes Carquefou

LICENCES

Liste des licences proposant une mention informatique ou un parcours de L3 en informatique. Sont mentionnées les universités qui y préparent suivies, le cas échéant, du site de l'établissement où la formation est implantée. Les cursus en apprentissage sont signalés par un **A**.

Informatique :

CFA Tertiaire de la CCI de Martinique Fort-de-France **A**, CNAM Belfort **A**, CNAM de la Martinique Schoelcher **A**, CNAM Guadeloupe Pointe-à-Pitre, Institut catholique de Lille, Univ. B. Pascal Aubière, Univ. Champollion Albi, Univ. d'Aix-Marseille Aix-en-Provence, Univ. de Picardie, Univ. d'Angers, Univ. d'Artois Lens, Univ. d'Avignon, Univ. de Savoie Le Bourget-du-Lac, Univ. de Bordeaux Talence, Univ. de Bourgogne Dijon, Univ. de Bretagne occidentale Brest, Univ. de Caen, Univ. de Cergy, Univ. de Franche-Comté Besançon, Univ. de Haute-Alsace Mulhouse, Univ. de La Réunion Saint-Denis, Univ. de La Rochelle, Univ. de Limoges, Univ. de Lorraine Metz, Univ. de Montpellier, Univ. de Nantes, Univ. de Nice Biot, Univ. de Nouvelle Calédonie Nouméa, Univ. de Pau Anglet, Univ. de Perpignan, Univ. de Poitiers, Univ. de Polynésie française Faaa, Univ. de Reims, Univ. de Rouen Saint-Étienne-du-Rouvray, Univ. de Saint-Étienne, Univ. de Strasbourg, Univ. de Tours Blois, Univ. de Valenciennes **A**, Univ. de Versailles St-Quentin Versailles, Univ. des Antilles Pointe-à-Pitre, Univ. d'Évry **A**, Univ. d'Orléans, Univ. du Littoral Calais **A**, Univ. Grenoble Alpes, Univ. Le Havre, Univ. Lyon 1 - C. Bernard Villeurbanne, Univ. Paris 13 Villetaneuse, Univ. Paris 8 Saint-Denis, Univ. Paris Descartes Paris **A**, Univ. Paris Diderot Paris, Univ. Paris-Est Champs-sur-Marne **A**, Univ. Paris-Est Créteil, Univ. Paris-Sud Orsay **A**, Univ. Pierre et Marie Curie Paris, Univ. Rennes 1, Univ. Toulouse 3 P. Sabatier **A**, Université de Lille - sciences et technologies Villeneuve-d'Ascq

Mathématiques et informatique appliquées aux sciences humaines et sociales :

UCO d'Angers, Univ. B. Pascal Aubière, Univ. d'Aix-Marseille Aix-en-Provence, Univ. de Savoie Le Bourget-du-Lac, Univ. de Bordeaux Talence, Univ. de Bretagne occidentale Brest, Univ. de Caen, Univ. de Guyane Cayenne, Univ. de Lille - sciences humaines et sociales Villeneuve-d'Ascq, Univ. de Limoges, Univ. de Lorraine Nancy, Univ. de Montpellier 3, Univ. de Pau, Univ. de Versailles St-Quentin Versailles, Univ. Grenoble Alpes, Univ. Lyon 2 - Lumière Bron, Univ. Panthéon-Sorbonne Paris **A**, Univ. Paris 8 Saint-Denis, Univ. Paris Diderot Paris, Univ. Paris-Est Champs-sur-Marne, Univ. Rennes 1/Univ. Rennes 2, Univ. Toulouse 1 Capitole Rodez **A**, Univ. Toulouse 2 - J. Jaurès/ Univ. Toulouse 3 P. Sabatier, Université de Lille - sciences et technologies Villeneuve-d'Ascq, Université Paris Nanterre **A**

■ **Sciences et technologies :**
Univ. d'Aix-Marseille Marseille, Univ. de Savoie Le Bourget-du-Lac, Univ. de Bretagne occidentale Roscoff, Univ. de Bretagne-Sud Lorient, Univ. de Haute-Alsace Colmar, Univ. de Montpellier **A**, Univ. de Valenciennes, Univ. Grenoble Alpes Saint-Martin-d'Hères, Univ. Paris-Sud Orsay, Univ. Pierre et Marie Curie Paris

■ **Économie et gestion :**
Univ. de Savoie Annecy-le-Vieux, Univ. de Bordeaux Pessac

■ **Mathématiques :**
Univ. de Bordeaux Talence **A**, Univ. de Bretagne occidentale Brest, Univ. de Pau **A**, Univ. Grenoble Alpes Saint-Martin-d'Hères, Univ. Lyon 1 - C. Bernard Villeurbanne

■ **Sciences de la vie :**
Univ. de Nice, Univ. Lyon 1 - C. Bernard Villeurbanne

■ **Sciences pour l'ingénieur :**
Univ. de Toulon La Garde, Univ. de Valenciennes **A**, Univ. d'Évry Courcouronnes **A**, Univ. du Maine Le Mans, Univ. Paris-Est Créteil **A**

MAGISTÈRES

Formation en 2 ans accessible après 2 ans d'études supérieures (L2, classe prépa...), délivrant une licence et un master. Certains magistères incluent une préparation à la recherche.

■ **Information, systèmes et technologie (EEA) :**
Univ. Paris-Sud Orsay

■ **Informatique :**
Univ. Grenoble Alpes, Univ. Rennes 1

MASTERS

Liste des masters offrant une spécialisation dans le domaine de l'informatique. Sont mentionnées les universités qui y préparent suivies, le cas échéant, du site de l'établissement où la formation est implantée. Les cursus proposés en apprentissage sont signalés par un **A**.

■ **Automatique et informatique industrielle spécialité(s) :**
• automatique, signal et image : Univ. de Haute-Alsace Mulhouse
• systèmes embarqués et communicants : Univ. de Haute-Alsace Mulhouse, Université de Bourgogne Franche-Comté Belfort

■ **Automatique, robotique et informatique appliquée spécialités : automatique, signal et images ; robotique avancée ; temps réel, conduite et supervision :**
Centrale Nantes

■ **Bio-informatique, biochimie structurale et génomique spécialités bio-informatique et génomique ; bio-informatique, biochimie structurale et génomique :**
Univ. d'Aix-Marseille Marseille

■ **Biologie, informatique / bio-informatique :**
Univ. Paris Diderot Paris

■ **Biologie, santé spécialité bio-informatique :**
Univ. de Nantes

■ **Chimie spécialité(s) :**
• chimie informatique : Univ. de Strasbourg
• chimie informatique, spectrométries, analyse : Univ. d'Aix-Marseille Marseille

■ **Conception, industrialisation, risque, décision spécialité(s) :**
• ingénierie numérique : Arts et Métiers ParisTech Paris, Arts et Métiers ParisTech - Institut de Chalon-sur-Saône Chalon-sur-Saône
• sciences de l'information et des systèmes : Arts et Métiers ParisTech Paris

■ **Création numérique spécialité innovations en communication :**
Univ. Paris 13 Villetaneuse

■ **Droit des affaires spécialité(s) :**
• droit du multimédia et des systèmes d'information : Univ. de Strasbourg
• droit du multimédia et de l'informatique : Univ. Panthéon-Assas Paris

■ **Économie industrielle et des réseaux :**
Univ. de Montpellier

■ **Économie managériale et industrielle spécialité expertise économique et juridique des systèmes d'information :**
Univ. Panthéon-Assas Paris

■ **Économie, technologie, territoire spécialité industries de réseau et économie numérique :**
Centrale Supélec Gif-sur-Yvette

■ **Électronique et télécommunications spécialité ingénierie des TIC pour les éco-activités :**
Univ. Rennes 1

■ **Électronique, électrotechnique, automatique, informatique industrielle spécialité systèmes embarqués :**
Univ. de Reims **A**

■ **Électronique, télécommunications et réseaux spécialité(s) :**
• microtechnologies architecture réseaux et systèmes de communication : Univ. de Bretagne occidentale Brest
• télécommunications et réseaux : Univ. de Bretagne occidentale Brest

■ **Finance, comptabilité spécialité systèmes d'information et contrôle :**
Univ. de Poitiers **A**

■ **Génie des systèmes industriels spécialité cloud computing and mobility (système informatique agile et mobile) :**
Univ. de Picardie Saint-Quentin **A**

■ **Géographie spécialité systèmes territoriaux, aide à la décision, environnement :**
Univ. de Bourgogne Dijon

■ **Gestion des risques spécialité management des risques et des systèmes d'information :**
Univ. de Poitiers Niort **A**

■ **Humanités numériques :**
ENS Lyon Lyon, Univ. Bordeaux Montaigne Pessac, Univ. Lyon 2 - Lumière Bron, Univ. Lyon 3 - J. Moulin Lyon, Univ. Panthéon-Sorbonne Paris, Univ. Paris 8 Saint-Denis

Masters (suite)

Image et systèmes spécialités automatique et génie électrique ; imagerie numérique ; sciences de l'information et des systèmes : Univ. d'Aix-Marseille Marseille

Information et communication spécialité(s) :
- communication et technologie numérique : Mines d'Alès
- études avancées en communication et médias-innovations sociétales et numériques E-com : Univ. d'Aix-Marseille Marseille
- ingénierie des médias : Univ. de Toulon **A**
- métiers de l'expertise et de la recherche en information, communication et nouveaux médias : ILOI Le Port

Information, énergie et systèmes spécialité micro-techno, architecture, réseaux et systèmes de communications : Centrale Supélec Gyf-sur-Yvette Gif-sur-Yvette

Information, systèmes et technologie spécialité(s) :
- réseaux et télécoms : ENS Paris-Saclay Cachan
- systèmes avancés de radiocommunications : Centrale Supélec Gyf-sur-Yvette Gif-sur-Yvette, ENS Paris-Saclay Cachan
- systèmes embarqués et informatique industrielle : ENS Paris-Saclay Cachan

Informatique : Centrale Lyon Écully, CNAM Saint-Denis **A**, ENS Lyon Lyon, ENS Paris-Saclay Cachan, EURECOM Biot, Grenoble INP Saint-Martin-d'Hères, Institut catholique de Lille Lille, Mines de St-Étienne, Paris-Saclay Saclay **A**, Univ. d'Artois Lens, Univ. de Savoie Le Bourget-du-Lac, Univ. de Bordeaux Talence, Univ. de Caen, Univ. de La Réunion Saint-Denis, Univ. de La Rochelle **A**, Univ. de Lille - Sciences Humaines et Sociales Villeneuve-d'Ascq, Univ. de Limoges, Univ. de Montpellier, Univ. de Pau Anglet, Univ. de Reims, Univ. de Saint-Étienne, Univ. de Valenciennes **A**, Univ. des Antilles Pointe-à-Pitre, Univ. du Littoral Calais **A**, Univ. Grenoble Alpes **A**, Univ. Lyon 1 - C. Bernard Villeurbanne, Univ. Lyon 2 - Lumière Bron, Univ. Paris 8 Saint-Denis, Univ. Paris-Est Champs-sur-Marne **A**, Univ. Paris-Est Créteil **A**, Univ. Pierre et Marie Curie Paris, Univ. Toulouse 3 P. Sabatier, Université de Lille - Sciences et Technologies Villeneuve-d'Ascq
- apprentissage et traitement automatique de la langue : Univ. de Nantes
- architectures logicielles : Univ. de Nantes
- bio-informatique : Univ. de Nantes
- concepteur en architecture des machines et de systèmes informatiques : INP Toulouse
- conception et développement de logiciels sûrs : Univ. de Franche-Comté Besançon
- développement et applications sur plateformes mobiles : Univ. de Toulon La Garde
- développement offshore des systèmes d'information : Univ. de Bretagne occidentale Brest
- exploration informatique des données et décisionnel : Univ. Paris 13 Villetaneuse
- extraction des connaissances à partir des données : Univ. de Nantes
- fiabilité, sécurité, intégration logicielle : Univ. d'Aix-Marseille Marseille
- génie informatique : Supelec Metz, Univ. de Lorraine Metz **A**
- génie logiciel : Univ. d'Aix-Marseille Marseille, Univ. Rennes 1 **A**
- gestion de projets informatiques : Univ. de Strasbourg **A**
- image et plurimédia : Univ. Paris Descartes Paris
- imagerie : Paris-Saclay Paris
- informatique : fondements et ingénierie : Univ. de Nice Biot **A**
- informatique décisionnelle : Univ. d'Aix-Marseille Marseille
- informatique décisionnelle et logicielle : Univ. B. Pascal Aubière
- informatique et décision : Univ. de Lorraine Metz **A**
- informatique et mathématiques appliquées à la finance et à l'assurance : Univ. de Nice Biot
- informatique et sciences de l'image : Univ. de Strasbourg **A**
- informatique et télécommunications : Univ. Toulouse 2 - J. Jaurès
- informatique fondamentale : Centrale Marseille Marseille, Univ. d'Aix-Marseille Marseille
- informatique mobile et répartie : Univ. de Franche-Comté Montbéliard, Univ. de Haute-Alsace Mulhouse, Université de Bourgogne Franche-Comté Belfort
- informatique nomade, intelligence et sécurité : Insa Centre Val de Loire Blois, Bourges Blois, Univ. d'Orléans
- informatique pour l'aide à la décision (computer aided decision support) : Univ. de Tours
- ingénierie des algorithmes et des programmes : Univ. Paris Diderot Paris
- ingénierie des logiciels et des connaissances : Univ. de Strasbourg **A**
- ingénierie des réseaux : Univ. Rennes 1
- ingénierie des systèmes intelligents : Univ. du Maine Le Mans **A**
- ingénierie du logiciel pour la société numérique : Univ. d'Avignon
- intelligence artificielle : Univ. Paris Descartes Paris
- intelligence artificielle et décision : Paris-Saclay Paris
- intelligence décisionnelle : Univ. d'Angers
- interaction, perception, apprentissage, connaissance : Supelec Metz, Univ. de Lorraine Metz **A**
- jeux et médias interactifs numériques : Cnam Angoulême
- logiciels : méthodes formelles et ingénierie : Supelec Metz, Univ. de Lorraine Vandœuvre-lès-Nancy
- logiciels embarqués : Univ. de Bretagne occidentale Brest
- méthodes informatiques et technologies de l'information et de la communication : Univ. Rennes 1
- modèles, optimisation, programmation et services : Télécom SudParis Évry, Palaiseau Évry
- modèles, systèmes, imagerie : Univ. B. Pascal Aubière
- modélisation et calcul haute performance : Univ. d'Orléans
- multimédia and data management : Univ. de Nantes
- optimisation en recherche opérationnelle : Univ. de Nantes
- programmation et logiciels sûrs : Univ. Paris 13 Villetaneuse
- recherche d'informations multimédia : Univ. d'Aix-Marseille Marseille
- recherche en informatique : Centrale Supélec Campus Rennes Cesson-Sévigné, ENI Brest, ENS Paris, ENS Paris-Saclay Cachan, IMT Atlantique Bretagne Pays de la Loire Brest, INSA Rennes, Paris-Saclay Paris, Univ. de Bretagne occidentale Brest, Univ. Paris Diderot Paris, Univ. Rennes 1 Lannion,

• recherche en informatique fondamentale : École polytechnique (l'X) Palaiseau, Univ. de Nice
• recherche opérationnelle : École polytechnique (l'X) Palaiseau, Paris-Saclay Paris
• réseaux : Paris-Saclay Paris
• réseaux informatiques et services mobiles : Univ. d'Avignon
• réseaux informatiques et systèmes embarqués : Univ. de Strasbourg
• science et ingénierie informatiques : ESIEE Paris Cergy
• science et technologie du logiciel : Paris-Saclay Paris
• science informatique : ESIEE Paris Cergy
• sciences de l'information et des systèmes : Univ. d'Aix-Marseille Marseille
• sécurité des systèmes d'information : Univ. Rennes 1
• sécurité réseaux et e-santé : Univ. Paris Descartes Paris
• services, sécurité des systèmes et des réseaux : Supelec Metz, Univ. de Lorraine Metz
• signal pour la santé, les télécommunications, l'image et le multimédia : Univ. de Nice Biot
• signaux et images en biologie et médecine : Univ. de Nantes
• solutions informatiques libres : Univ. d'Angers **A**
• stratégie Internet et pilotage des projets d'entreprise : Pôle universitaire de Vichy, Univ. B. Pascal Aubière
• système distribué et réseaux : Univ. de Franche-Comté Besançon
• systèmes d'information et Internet : Univ. de Corse P. Paoli Corte **A**
• systèmes d'information pour l'aide à la décision : Insa Centre Val de Loire Blois, Bourges Blois, Univ. de Tours
• systèmes d'information répartis : Univ. d'Aix-Marseille Marseille
• systèmes électroniques et systèmes informatiques : Paris-Saclay Paris
• systèmes et applications réparties : Paris-Saclay Paris
• systèmes informatiques complexes : Univ. de Bretagne occidentale Brest
• technologies de l'information et ingénierie du logiciel : Univ. de Bretagne occidentale Brest
• visualisation, image et performance : Univ. d'Orléans

■ **Informatique des organisations (MIDO) :**
Univ. Paris-Dauphine Paris **A**

■ **Informatique des organisations spécialité informatique collaborative en entreprise :**
Univ. Toulouse 2 - J. Jaurès **A**

■ **Informatique des organisations spécialité modélisation, optimisation, décision et organisation :**
Mines de Paris ParisTech Paris

■ **Informatique et ingénierie des systèmes complexes :**
Univ. de Cergy **A**

■ **Informatique, génie de l'information et des systèmes spécialités : génie de l'informatique logicielle ; génie électrique et informatique industrielle ; informatique théorique et applications ; sécurité des systèmes informatiques ; systèmes de traitement des informations multimédia :**
Univ. de Rouen Saint-Étienne-du-Rouvray

■ **Informatique, haute performance et simulation spécialité simulation haute performance :**
ENS Paris-Saclay Cachan

■ **Informatique, mathématiques, multimédia, télécommunications spécialité(s) :**
• informatique : Univ. de Poitiers Futuroscope
• réseaux de télécommunications, multimédia, automatique : Univ. de Poitiers

■ **Informatiques spécialité(s) :**
• data mining and knowledge management (Erasmus mundus) : Univ. de Nantes
• informatique et systèmes d'information appliqués à la santé : Univ. d'Avignon

■ **Ingénierie de systèmes complexes spécialité systèmes et technologies de l'information et de la communication :**
Univ. de Lorraine Vandœuvre-lès-Nancy

■ **Ingénierie des services et des systèmes spécialité ingénierie des systèmes d'information :**
UTC Compiègne

■ **Ingénierie des systèmes complexes spécialité ingénierie système par la pratique :**
Univ. de Lorraine Vandœuvre-lès-Nancy **A**

■ **Ingénierie des systèmes intelligents et modélisation spécialité électronique des systèmes autonomes :**
ECAM EPMI Cergy Cergy, École polytechnique (l'X) Palaiseau, ENSEA Cergy

■ **Ingénierie économique et statistique spécialité ingénierie économique :**
Univ. Panthéon-Assas Paris **A**

■ **Ingénierie électrique, électronique et informatique industrielle spécialité(s) :**
• ingénierie des systèmes humain-machine : Univ. de Lorraine Metz
• radiocommunications et systèmes électroniques fiables : Univ. de Lorraine Metz

■ **Ingénierie et cognition spécialité systèmes complexes : cognitions naturelle et artificielle :**
EPHE Paris

■ **Ingénierie et innovation en images et réseaux :**
Univ. Paris 13 Villetaneuse

■ **Ingénierie et management des organisations spécialité systèmes d'information et management de l'entreprise :**
Univ. d'Orléans

■ **Ingénierie pour les systèmes de santé et l'autonomie spécialité ingénierie de l'information et de la décision :**
Univ. de Nice

■ **Langues et interculturalité spécialité web, ingénierie des langues, traduction :**
Univ. de Strasbourg **A**

■ **Linguistique spécialité linguistique avancée et interfaces linguistiques :**
Univ. d'Orléans

■ **Littérature, philologie et linguistique spécialité langue et informatique :**
Univ. Paris-Sorbonne Paris

■ **Management spécialité management de projets en systèmes d'information et de communication :**
Univ. de Nantes

Masters (suite)

Management des systèmes d'information :
Univ. de La Rochelle La Rochelle, Univ. de Montpellier Montpellier **A**, Univ. de Pau **A**, Univ. Grenoble Alpes Saint-Martin-d'Hères **A**, Univ. Lyon 3 - J. Moulin, Univ. Panthéon-Sorbonne Paris **A**, Univ. Paris-Dauphine **A**, Univ. Toulouse 3 P. Sabatier, Université de Lille - Sciences et Technologies Villeneuve-d'Ascq

Mathématiques spécialité ingénierie mathématique et outils informatiques :
Univ. de Lorraine Vandœuvre-lès-Nancy

Mathématiques appliquées et sciences de l'information spécialité(s) :
• biologie synthétique et systémique : Centrale Supélec Paris Châtenay-Malabry
• conception et management des systèmes informatiques complexes : Centrale Supélec Gyf-sur-Yvette, Centrale Supélec Paris Châtenay-Malabry
• informatique haute performance : Centrale Supélec Paris Châtenay-Malabry
• mathématiques, vision, apprentissage : Centrale Supélec Paris Châtenay-Malabry, École polytechnique (l'X) Palaiseau
• modélisation et simulation : Centrale Supélec Paris Châtenay-Malabry, INSTN Gif-sur-Yvette

Mathématiques et applications spécialité(s) :
• calcul scientifique et mathématiques de l'information : Univ. de Strasbourg
• informatique statistique, mathématiques appliquées à la gestion de production : Univ. Toulouse 2 - J. Jaurès
• ingénierie statistique et informatique de la finance, de l'assurance et du risque : Univ. Paris Diderot Paris
• logique mathématique et fondements de l'informatique : ENS Paris, Univ. Paris Diderot Paris
• mathématiques de l'information, cryptographie : Univ. Rennes 1
• mathématiques et informatique appliquées : UCO d'Angers **A**, Univ. d'Angers
• mathématiques pour l'informatique graphique et les statistiques : Univ. de Bourgogne Dijon
• mathématiques, informatique et applications à la cryptologie : Univ. Paris Diderot Paris **A**
• modélisation aléatoire : ENS Paris-Saclay Cachan, Paris-Saclay Paris, Univ. Paris Diderot Paris

Mathématiques et informatique spécialité mathématiques fondamentales et protection de l'information :
ENS Paris Paris

Mathématiques et informatique appliquées aux sciences humaines et sociales MIASHS :
Univ. de Lille - sciences humaines et sociales Villeneuve-d'Ascq, Univ. de Montpellier 3 **A**, Univ. Grenoble Alpes

Mathématiques et modélisation sciences économiques et sociales spécialité(s) :
• informatique : systèmes intelligents : AgroParisTech Paris, Massy, Grignon, Nancy, Montpellier

Mathématiques fondamentales et appliquées spécialité(s) :
• mathématiques et informatique : ENS Paris-Saclay Cachan
• mathématiques et informatique des systèmes complexes et distribués : Univ. Le Havre

Mathématiques-informatique-statistique spécialité(s) :
• informatique : systèmes intelligents à logiciel prépondérant : Univ. de Bretagne-Sud Vannes
• informatique : web, multimédia, réseaux : Univ. de Bretagne-Sud Vannes

Méthodes informatiques appliquées à la gestion des entreprises MIAGE :
Univ. d'Aix-Marseille Aix-en-Provence **A** , Univ. de Picardie **A**, Univ. de Bordeaux Talence **A**, Univ. Grenoble Alpes **A**, Université de Lille-sciences et technologies Villeneuve-d'Ascq, Univ. Lyon 1 - C. Bernard Roanne, Université de Lorraine, Nancy **A**, Univ. de Haute-Alsace Mulhouse **A**, Université de Nantes, Université de Nice Sophia Antipolis, Sophia Antipolis **A**, Université d'Orléans, Univ. Panthéon-Sorbonne Paris **A**, Univ. Paris-Descartes Paris **A**, Univ. Paris-Dauphine, Université Paris Nanterre **A**, Paris-Saclay Saclay **A** (L3 aussi dans les universités Évry/Val-d'Essonne et Paris-Est Créteil), Univ. Rennes 1, Univ. Toulouse 1 Capitole/Univ. Toulouse 3 P. Sabatier

Métiers des études du conseil et de l'intervention spécialité projets informatiques et stratégie d'entreprise :
Univ. Paris Diderot Paris **A**

Psychologie spécialité ergonomie : facteurs humains et ingénierie des systèmes d'information :
Univ. d'Aix-Marseille Aix-en-Provence

Réseaux et télécommunications :
EURECOM Biot, Grenoble INP **A**, Univ. de Savoie Le Bourget-du-Lac **A**, Univ. de Valenciennes, Univ. Toulouse 3 P. Sabatier, Université de Lille - sciences et technologies Villeneuve-d'Ascq Centrale Lille Villeneuve-d'Ascq

Sciences de la Terre et de l'environnement spécialité Euro-hydro-informatique et gestion de l'eau : Euro-aquae :
Univ. de Nice Biot

Sciences de l'entreprise : génie industriel spécialités : modélisation et management de la conception ; modélisation et management des organisations :
Centrale Supélec Paris Châtenay-Malabry

Sciences du langage spécialité(s) :
• linguistique informatique : Univ. Paris Diderot Paris
• linguistique, apprentissage des langues, informatique : Univ. B. Pascal Clermont-Ferrand

Sciences du management spécialité(s) :
• contrôle de gestion et systèmes d'information : Univ. de Bretagne-Sud Vannes
• management des systèmes d'information et communication : Univ. de Bretagne occidentale Brest
• management et technologies de l'information : Univ. d'Aix-Marseille Aix-en-Provence **A**

Sciences du vivant spécialité biologie structurale, bio-informatique et biotechnologies :
Univ. de Strasbourg Illkirch-Graffenstaden

Sciences et technologies de l'information et de la communication spécialité(s) :
• électronique, électrotechnique, automatique et informatique industrielle : Univ. de Picardie **A**

- génie électrique et informatique industrielle : Univ. de Bretagne-Sud Lorient
- gestion et pilotage de la production : UCO d'Angers Guingamp
- image, informatique, ingénierie : Univ. de Franche-Comté Besançon
- informatique : Centrale Supélec Gif-sur-Yvette Gif-sur-Yvette
- informatique et instrumentation pour la biologie et la santé : Univ. de Picardie
- ingénierie des services pour les communautés en réseaux : UTT Troyes
- ingénierie des systèmes et réseaux informatiques : Univ. de Picardie Amiens **A**
- microtechnologies, architecture, réseaux et systèmes de communication : Univ. de Bretagne-Sud Lorient
- modélisation produits process : UTT Troyes
- sécurité des systèmes d'information : UTT Troyes

■ **Sciences et technologies de l'information et de la communication : informatique - électronique spécialités : bases de données et intelligence artificielle ; computer vision ; image et intelligence artificielle-multimédia ; informatique et instrumentation de l'image, et imagerie médicale (3I) :**
Univ. de Bourgogne Dijon

■ **Sciences et technologies de l'information et de la communication, spécialité(s) :**
- réseaux de communications avancés : École polytechnique (l'X) Palaiseau
- computational mechanics (Erasmus mundus) : Centrale Nantes

■ **Sécurité des systèmes informatiques :**
Collegium Lorraine INP Nancy, Univ. de Lorraine Nancy

■ **Systèmes complexes en interaction spécialité technologies de l'information pour les systèmes autonomes en coopération :**
UTC Compiègne

■ **Systèmes d'information spécialité information scientifique et technique :**
INSTN Gif-sur-Yvette

■ **Systèmes informatiques complexes spécialité conception et management des systèmes informatiques complexes :**
École polytechnique (l'X) Palaiseau Palaiseau, Paris-Saclay Paris

■ **Systèmes informatiques et génie électrique spécialité systèmes intelligents et communicants :**
ENSEA Cergy

CLASSES PRÉPARATOIRES

Pour l'entrée en école d'ingénieurs : classes préparatoires scientifiques (MPSI, PCSI, PTSI pour les bacheliers S ; TSI pour les bacheliers technologiques).
Pour l'entrée en école de commerce : classes préparatoires économiques (option économique après un bac ES ; option scientifique après un bac S ; option technologique après un bac STMG) et classes préparatoires littéraires.
Consulter les adresses des établissements proposant ces classes sur **www.onisep.fr**.

ÉCOLES D'INGÉNIEURS

Liste (par ordre alphabétique) des écoles d'ingénieurs offrant une spécialisation en informatique, réseaux et télécommunications ou géomatique. Sont mentionnés le statut de l'établissement (public, privé sous contrat, privé reconnu, consulaire) et les cursus proposés en apprentissage (signalés par un **A**).

Recrutement post-bac

Recrutant des bacheliers pour une formation en 5 ans, ces écoles ouvrent également des accès à des diplômés bac + 2, voire plus.

■ **3iL Limoges**
3iL Ingénieurs 87015 Limoges
05 55 31 67 03 **Consulaire**
www.3il-ingenieurs.fr A

■ **AgroSup Dijon**
Institut national supérieur des sciences agronomiques, de l'alimentation et de l'environnement 21079 Dijon
03 80 77 25 25 **Public**
www.agrosupdijon.fr

■ **Bordeaux INP - ENSGTI Pau**
École nationale supérieure en génie des technologies industrielles
64075 Pau 05 59 40 78 00 **Public**
ensgti.univ-pau.fr

■ **Centrale Lille - Iteem - SKEMA Business School**
Centrale Lille-Iteem-SKEMA Business School Institut technologique européen d'entrepreneuriat et de management
59651 Villeneuve-d'Ascq 03 20 33 53 91
Public iteem.ec-lille.fr/

■ **Centrale Lille IG2I Institut de génie informatique et industriel Lens**
Centrale Lille IG2I - Institut de génie informatique et industriel 62300 Lens
03 21 74 85 85 **Public www.ig2i.fr A**

Pr Hc : privé hors contrat
Pr Sc : privé sous contrat
A : statut apprenti

Écoles d'ingénieurs (suite)

CPE Lyon
École supérieure de chimie, physique, électronique de Lyon 69616 Villeurbanne 04 72 43 17 00 **Pr reconnu www.cpe.fr**

ECAM EPMI Cergy
École d'ingénieurs généraliste ECAM-EPMI Cergy - Pontoise 95092 Cergy 01 30 75 60 40 **Pr reconnu www.ecam-epmi.fr A**

ECAM Lyon
École catholique d'arts et métiers de Lyon 69321 Lyon 04 72 77 06 00 **Pr reconnu www.ecam.fr**

ECAM Rennes - Louis de Broglie
ECAM Rennes - Louis de Broglie 35170 Bruz 02 99 05 84 00 **Pr reconnu www.ecam-rennes.fr**

ECE Paris
École centrale d'électronique - groupe ECE 75015 Paris 01 44 39 06 00 **Pr reconnu www.ece.fr A**

EFREI Villejuif
École d'ingénieurs des technologies de l'information et de la communication 94800 Villejuif 01 46 77 46 77 **Pr reconnu www.efrei.fr A**

EIGSI La Rochelle
École d'ingénieurs en génie des systèmes industriels 17041 La Rochelle 05 46 45 80 00 **Pr reconnu www.eigsi.fr**

EIL-CO Côte d'Opale Calais, Longuenesse
EIL CO - École d'ingénieurs du Littoral Côte d'Opale 62968 Longuenesse 03 21 38 85 54 **Public www.eilco-ulco.fr**

EISTI Cergy, Pau
École internationale des sciences du traitement de l'information 95011 Cergy 01 34 25 10 10 **Pr reconnu www.eisti.fr**

EISTI Pau
École internationale des sciences du traitement de l'information 64075 Pau 05 59 05 90 90 **Pr reconnu www.eisti.fr**

ENI Brest
École nationale d'ingénieurs de Brest 29238 Brest 02 98 05 66 00 **Public www.enib.fr**

ENI Metz
École nationale d'ingénieurs de Metz 57078 Metz 03 87 34 69 00 **Public www.enim.fr**

ENSIBS Lorient/Vannes
École Nationale Supérieure d'Ingénieurs de Bretagne-Sud Lorient Vannes 56100 Lorient 02 97 88 05 59 **Public www-ensibs.univ-ubs.fr**

ENSIM Le Mans
École nationale supérieure d'ingénieurs du Mans 72085 Le Mans 02 43 83 35 93 **Public ensim.univ-lemans.fr A**

EPF Sceaux, Montpellier, Troyes
EPF école d'ingénieurs généralistes - campus de Sceaux - siège social 92330 Sceaux 01 41 13 01 51 **Pr reconnu www.epf.fr A**

EPITA
École pour l'informatique et les techniques avancées 94276 Le Kremlin-Bicêtre 01 44 08 01 01 **Pr reconnu www.epita.fr A**
Des antennes d'Epita existent à Lyon, Rennes, Strasbourg, Toulouse.

ESAIP Angers, Grasse
École d'ingénieurs ESAIP Angers 49180 Saint-Barthélémy-d'Anjou 02 41 96 65 10 **Pr reconnu www.esaip.org**

ESEO Angers, Dijon, Paris
Grande école d'ingénieurs généralistes 49107 Angers 02 41 86 67 67 **Pr reconnu www.eseo.fr A**

ESIEA Paris, Laval
École d'ingénieurs du monde numérique 75005 Paris 01 55 43 23 23 53000 Laval 02 43 59 24 24 **Pr reconnu www.esiea.fr A**

ESIEE Amiens
École supérieure d'ingénieur en électronique et électrotechnique 80082 Amiens 03 22 66 20 00 **Pr reconnu www.esiee-amiens.fr A**

ESIEE Paris
ESIEE Paris 93162 Noisy-le-Grand 01 45 92 65 00 **Consulaire www.esiee.fr**

ESIGELEC Rouen
École supérieure d'ingénieurs en génie électrique 76801 Saint-Étienne-du-Rouvray 02 32 91 58 58 **Pr reconnu www.esigelec.fr A**

ESIGETEL Villejuif
École supérieure d'ingénieurs en informatique et génie des télécommunications 94800 Villejuif 01 45 15 03 20 **Pr reconnu www.esigetel.fr A**

ESILV Courbevoie
École supérieure d'ingénieurs Léonard de Vinci 92400 Courbevoie 01 41 16 71 72 **Pr reconnu www.esilv.fr A**

ESIREM Dijon
École supérieure d'ingénieurs recherche en matériaux et infotronique 21078 Dijon 03 80 39 60 09 **Public esirem.u-bourgogne.fr**

ESIROI La Réunion
École supérieure d'ingénieurs Réunion Océan Indien 97490 Saint-Denis 02 62 48 33 05 **Public esiroi.univ-reunion.fr**

ESITC Caen
École supérieure d'ingénieurs des travaux de la construction de Caen 14610 Epron 02 31 46 23 00 **Pr reconnu www.esitc-caen.fr A**

ESME SUDRIA
École spéciale de mécanique et d'électricité 75015 Paris 01 56 20 62 00 ; Campus de Lille 59000 Lille 03 20 15 84 44 ; Campus de Lyon 69002 Lyon 04 37 23 19 95 ; un campus vient d'ouvrir à Bordeaux ; **Pr reconnu www.esme.fr A**

ESSTIN - Polytech Nancy
ESSTIN - Polytech Nancy 54519 Vandœuvre-lès-Nancy 03 83 68 50 00 **Public www.esstin.univ-lorraine.fr**

EXIA CESI
École d'ingénieurs informatique EXIA CESI 13545 Aix-en-Provence 04 42 97 14 20 ; 62000 Arras 03 21 51 81 59 ; 33295 ; Blanquefort 05 56 95 50 50 ; 69130 Ecully 04 72 18 89 89 ; 17000 La Rochelle 05 46 45 19 17 ; 31670 Labège 05 61 00 38 38 ; 54500 ; 76130 Mont-Saint-Aignan 02 35 59 50 89 ; Vandœuvre-lès-Nancy 03 83 15 18 60 ; 06560 Valbonne 04 72 18 54 70 ; 45100 Orléans 02 38 22 72 82 ; 64000 Pau 05 59 32 57 62 51100 ; Reims 03 26 86 77 02 ; 44603 Saint-Nazaire 02 40 00 17 00 ; 67831 Lingolsheim 03 88 10 39 73 **Pr reconnu exia.cesi.fr**

Grenoble INP - Esisar
École nationale supérieure en systèmes avancés et réseaux - Grenoble INP 26902 Valence 04 75 75 94 00 **Public esisar.grenoble-inp.fr A**

HEI Lille, Châteauroux
École des hautes études d'ingénieur 59014 Lille 03 28 38 48 58 **Pr reconnu www.hei.fr A**

Icam site de Bretagne apprentissage
ICAM site de Bretagne - Ingénieur ICAM apprentissage 56000 Vannes 02 97 62 11 81 **Pr reconnu www.icam.fr A**

Icam site de Nantes
Icam site de Nantes - Institut catholique d'arts et métiers - Groupe Icam 44470 Carquefou 02 40 52 40 52 **Pr reconnu www.icam.fr**

Icam site de Paris-Sénart
Icam site de Paris-Sénart - Institut Catholique d'Arts et Métiers - Groupe Icam 77127 Lieusaint 01 49 31 20 00 **Pr reconnu www.icam.fr**

Icam site de Paris-Sénart apprentissage
Icam site de Paris-Sénart - Ingénieur ICAM apprentissage 77127 Lieusaint 01 49 31 20 00 **Pr Sc www.icam.fr A**

Icam site de Toulouse
Icam site de Toulouse - Formation Ingénieur Icam intégré 31076 Toulouse 05 34 50 50 50 **Pr reconnu www.icam.fr**

Icam site de Toulouse apprentissage
Icam site de Toulouse - Formation Ingénieur Icam apprentissage 31076 Toulouse 05 34 50 50 50 **Pr reconnu www.icam.fr A**

Icam site de Vendée apprentissage
Icam site de Vendée - Ingénieur Icam apprentissage 85000 La Roche-sur-Yon 02 51 47 70 70 **Pr Sc www.icam.fr A**

Icam Sites de Lille, Nantes, Paris-Sénart, Toulouse
Institut catholique d'arts et métiers - Groupe Icam 59016 Lille 03 20 22 61 61 **Pr reconnu www.icam.fr**

INP Toulouse ENI Tarbes
École nationale d'ingénieurs de Tarbes 65016 Tarbes 05 62 44 27 00 **Public www.enit.fr A**

INSA Centre Val de Loire
INSA Centre Val de Loire 41034 Blois 02 54 55 84 00 **Public www.insa-centrevaldeloire.fr**

INSA Centre Val de Loire Blois, Bourges
INSA Centre Val de Loire 18022 Bourges 02 48 48 40 00 **Public www.insa-centrevaldeloire.fr**

INSA Lyon
Institut national des sciences appliquées de Lyon 69621 Villeurbanne 04 72 43 83 83 **Public www.insa-lyon.fr**

INSA Rennes
Institut national des sciences appliquées de Rennes 35708 Rennes 02 23 23 82 00 **Public www.insa-rennes.fr**

INSA Rouen
Institut national des sciences appliquées de Rouen 76801 Saint-Étienne-du-Rouvray 02 32 95 97 00 **Public www.insa-rouen.fr**

INSA Strasbourg
Institut national des sciences appliquées de Strasbourg 67084 Strasbourg 03 88 14 47 00 **Public www.insa-strasbourg.fr**

INSA Toulouse
Institut national des sciences appliquées de Toulouse 31077 Toulouse 05 61 55 95 13 **Public www.insa-toulouse.fr**

ISEL Le Havre
Institut supérieur d'études logistiques 76063 Le Havre 02 32 74 49 00 **Public www.isel-logistique.fr**

ISEN Lille, Brest, Nimes, Rennes, Toulon
Institut supérieur de l'électronique et du numérique 59046 Lille 03 20 30 40 50 ; 29228 Brest 02 98 03 84 00 ; 83000 Toulon 04 94 03 89 59 **Pr reconnu isen.fr A**

ISEP Paris
Institut supérieur d'électronique de Paris 75006 Paris 01 49 54 52 00 ou 43 **Pr reconnu www.isep.fr A**

ISIS Castres
École d'ingénieur informatique et systèmes d'information pour la santé 81100 Castres 05 63 51 24 01 **Public www.isis-ingenieur.fr A**

ISTIA Angers
Institut des sciences et techniques de l'ingénieur d'Angers 49000 Angers 02 44 68 75 00 **Public www.istia.univ-angers.fr**

ISTY Versailles SQY
Institut des sciences et techniques des Yvelines (ISTY) 78140 Vélizy-Villacoublay 01 39 25 38 50 **Public www.isty.uvsq.fr**

Polytech Annecy-Chambéry
École polytechnique universitaire de Savoie 74944 Annecy-le-Vieux 04 50 09 66 00 **Public www.polytech.univ-smb.fr**

Polytech Clermont-Ferrand
Polytech Clermont-Ferrand 63178 Aubière 04 73 40 75 00 **Public www.polytech-clermont.fr**

Polytech Grenoble
École polytechnique de l'université de Grenoble I 38041 Grenoble 04 76 82 79 02 **Public www.polytech-grenoble.fr**

Polytech Lille
École polytechnique universitaire de l'université Lille - Sciences et technologies 59655 Villeneuve-d'Ascq 03 28 76 73 00 **Public www.polytech-lille.fr**

Polytech Lyon, Roanne
École polytechnique universitaire de l'Université Lyon-I 69622 Villeurbanne 04 26 23 71 42 **Public polytech.univ-lyon1.fr A**

Polytech Marseille
Polytech Marseille 13288 Marseille 04 91 82 85 00 **Public www.polytech-marseille.fr**

Polytech Montpellier
École polytechnique universitaire de Montpellier 34095 Montpellier 04 67 14 31 60 **Public www.polytech-montpellier.fr**

Polytech Nantes
École polytechnique de l'université de Nantes 44306 Nantes 02 40 68 32 00 **Public www.polytech.univ-nantes.fr**

Polytech Nice-Sophia
Polytech Nice-Sophia 06410 Biot 04 92 96 50 50 **Public www.polytech.unice.fr**

Polytech Paris-Sud Orsay
Polytech Paris-Sud 91405 Orsay 01 69 33 86 00 **Public www.polytech.u-psud.fr A**

Polytech Paris-UPMC
École polytechnique universitaire Pierre et Marie Curie 75252 Paris 01 44 27 73 13 **Public www.polytech.upmc.fr**

Polytech Tours
École polytechnique universitaire de Tours 37200 Tours 02 47 36 14 14 **Public www.polytech.univ-tours.fr**

Sup Galilée Paris 13 Villetaneuse
Institut Galilée 93430 Villetaneuse 01 49 40 35 49 **Public www-galilee.univ-paris13.fr**

Télécom Lille
Télécom Lille 59653 Villeneuve-d'Ascq 03 20 33 55 77 **Public www.telecom-lille.fr A**

Télécom St-Étienne
Télécom Saint-Étienne 42023 Saint-Étienne 04 77 91 58 88 **Public www.telecom-st-etienne.fr**

UTBM Belfort
Université de technologie de Belfort-Montbéliard 90010 Belfort 03 84 58 30 00 **Public www.utbm.fr**

Pr Hc : privé hors contrat
Pr Sc : privé sous contrat
A : statut apprenti

Écoles d'ingénieurs (suite)

UTC Compiègne
Université de technologie de Compiègne 60203 Compiègne 03 44 23 44 23 **Public www.utc.fr A**

UTT Troyes
Université de technologie de Troyes 10004 Troyes 03 25 71 76 00 **Public www.utt.fr A**

Recrutement post-bac + 2

Recrutement principal après un bac + 2 avec possibilité d'accès au-delà.

3iL Rodez
Institut d'ingénierie informatique 12000 Rodez 05 65 77 77 06 **Consulaire www.3ilrodez.fr A**

AGROCAMPUS OUEST Rennes
AGROCAMPUS OUEST Rennes 35042 Rennes 02 23 48 50 00 **Public www.agrocampus-ouest.fr**

AgroParisTech Paris, Massy, Grignon, Nancy, Montpellier
Institut des sciences et industries du vivant et de l'environnement 75231 Paris 01 44 08 16 61 **Public www.agroparistech.fr A**

Bordeaux INP - ENSC
École nationale supérieure de cognitique 33405 Talence 05 57 00 67 00 **Public ensc.bordeaux-inp.fr**

Bordeaux INP - ENSEIRB - MATMECA
ENS d'électronique, informatique, télécommunications, mathématiques et mécanique de Bordeaux 33402 Talence 05 56 84 65 00 **Public www.enseirb-matmeca.fr**

Centrale Lille
École centrale de Lille 59651 Villeneuve-d'Ascq 03 20 33 53 53 **Public ecole.centralelille.fr**

Centrale Lyon
École centrale de Lyon 69134 Ecully 04 72 18 60 00 **Public www.ec-lyon.fr**

Centrale Marseille
École centrale de Marseille 13451 Marseille 04 91 05 45 45 **Public www.centrale-marseille.fr**

Centrale Nantes
École centrale de Nantes 44321 Nantes 02 40 37 16 00 **Public www.ec-nantes.fr A**

Centrale Supélec Campus Rennes
CentraleSupélec Campus Rennes 35576 Cesson-Sévigné 02 99 84 45 00 **Public www.supelec.fr**

Centrale Supélec Gif-sur-Yvette
Centrale Supélec (fusion prévue avec Centrale Supélec Paris avec un seul cursus rentrée 2017) 91192 Gif-sur-Yvette 01 69 85 12 12 **Public www.supelec.fr A**

Centrale Supélec Paris
Centrale Supélec (fusion prévue avec Centrale Supélec Gyf avec un seul cursus rentrée 2017) 92295 Châtenay-Malabry 01 41 13 10 00 **Public www.centralesupelec.fr A**

CPE Lyon
École supérieure de chimie, physique, électronique de Lyon 69616 Villeurbanne 04 72 43 17 00 **Pr reconnu www.cpe.fr A**

ECAM Rennes - Louis de Broglie
ECAM Rennes - Louis de Broglie 35170 Bruz 02 99 05 84 00 **Pr reconnu www.ecam-rennes.fr A**

École des ponts ParisTech
École des Ponts ParisTech 77455 Champs-sur-Marne 01 64 15 30 00 **Public www.enpc.fr**

École navale Brest
École navale 29240 Brest 02 98 23 46 00 **Public www.ecole-navale.fr**

École polytechnique (l'X) Palaiseau
École Polytechnique 91128 Palaiseau 01 69 33 33 33 **Public www.polytechnique.fr**

EI CESI de Toulouse
École d'ingénieurs du centre d'études supérieures industrielles de Toulouse 31670 Labège 05 61 00 38 38 **Pr reconnu www.eicesi.fr A**

EI Cnam Alsace
École d'ingénieurs du Conservatoire national des arts et métiers d'Alsace 67411 Illkirch-Graffenstaden 03 68 85 85 25 **Public www.cnam-alsace.fr A**

EI Cnam Champagne-Ardennes / CRA site de Reims
Centre régional associé au Conservatoire national des arts et métiers 51687 Reims 03 26 36 80 00 **Public www.cnam-champagne-ardenne.fr A**

EI Cnam PACA Centre de Marseille
École d'ingénieurs du Conservatoire national des arts et métiers PACA 13015 Marseille 04 96 16 10 35 **Public www.cnam-paca.fr A**

EI Cnam Paris
École d'ingénieurs 75003 Paris 01 40 27 28 51 **Public eicnam.cnam.fr A**

EI Cnam Pays-de-la-Loire
EICnam Pays de la Loire - centre de la Roche-sur-Yon 85016 La Roche-sur-Yon 02 51 44 98 28 **Public www.cnam-paysdelaloire.fr/centre-de-la-roche-yon-11 A**

EI Cnam Picardie
École d'ingénieurs du Conservatoire national des arts et métiers de Picardie 80000 Amiens 03 22 33 65 50 **Public www.cnam-hauts-de-france.fr A**

EICnam Poitou Charentes - ITII de Poitou-Charentes
EICnam centre de Poitou Charentes - Institut des techniques de l'ingénieur de l'Industrie de Poitiers 86100 Châtellerault 05 49 86 79 90 **Public www.itii-chatellerault.fr A**

EICnam Poitou-Charentes - Futuroscope Chasseneuil
EICnam Poitou-Charentes - Futuroscope Chasseneuil 86360 Chasseneuil-du-Poitou 0820 20 26 26 **Public www.cnam-poitou-charentes.fr A**

EIDD Paris
École d'ingénieurs Denis Diderot Paris 75205 Paris 01 57 27 65 39 **Public www.univ-paris-diderot.fr/eidd**

EIL-CO Côte d'Opale
EIL Côte d'Opale (site de Calais) 62228 Calais 03 21 17 10 05 **Public www.eilco-ulco.fr**

ENAC Toulouse, Montpellier
École nationale de l'aviation civile 31055 Toulouse 05 62 17 40 00 **Public www.enac.fr A**

ENSAE ParisTech Malakoff
École nationale de la statistique et de l'administration économique 92245 Malakoff 01 41 17 65 25 **Public www.ensae.fr**

ENSAI Bruz
École nationale de la statistique et de l'analyse de l'information 35172 Bruz 02 99 05 32 32 **Public www.ensai.fr**

ENSEA Cergy
École nationale supérieure de l'électronique et de ses applications 95014 Cergy 01 30 73 66 66 **Public www.ensea.fr**

ENSEA Cergy cycle ITI
École nationale supérieure de l'électronique et de ses applications cycle ITI 95014 Cergy 01 30 73 66 00 **Public www.ensea.fr A**

ENSEM Nancy
École nationale supérieure d'électricité et de mécanique 54518 Vandœuvre-lès-Nancy 03 83 59 55 43 **Public www.ensem.univ-lorraine.fr**

ENSG Marne-la-Vallée (77)
École nationale des sciences géographiques 77455 Champs-sur-Marne 01 64 15 30 01 **Public www.ensg.eu**

ENSI Caen
École nationale supérieure d'ingénieurs de Caen et centre de recherche 14050 Caen 02 31 45 27 50 **Public www.ensicaen.fr**

ENSI Limoges
École nationale supérieure d'ingénieurs de Limoges 87068 Limoges 05 55 42 36 70 **Public www.ensil.unilim.fr/**

ENSI Sud Alsace Mulhouse
École nationale supérieure d'ingénieurs Sud Alsace 68093 Mulhouse 03 89 33 69 00 **Public www.ensisa.uha.fr**

ENSIAME Formation d'Ingénieurs en Partenariat - Valenciennes
ENSIAME Formation d'Ingénieurs en Partenariat - Valenciennes 59313 Valenciennes 03 27 51 15 39 **Public www.univ-valenciennes.fr/ensiame A**

ENSIAME Valenciennes
École nationale supérieure d'ingénieurs en informatique automatique mécanique énergétique et électronique 59313 Valenciennes 03 27 51 12 02 **Public www.univ-valenciennes.fr/ensiame**

ENSIBS Lorient/Vannes
École nationale supérieure d'ingénieurs de Bretagne-Sud Lorient Vannes 56100 Lorient 02 97 88 05 59 **Public www-ensibs.univ-ubs.fr A**

ENSIIE Évry
École nationale supérieure d'informatique pour l'industrie et l'entreprise 91025 Évry 01 69 36 73 50 **Public www.ensiie.fr A**

ENSIM Le Mans
École nationale supérieure d'ingénieurs du Mans 72085 Le Mans 02 43 83 35 93 **Public ensim.univ-lemans.fr**

ENSMM Besançon
École nationale supérieure de mécanique et des microtechniques 25030 Besançon 03 81 40 27 00 **Public www.ens2m.fr**

ENSSAT Lannion
École nationale supérieure des sciences appliquées et de technologie 22305 Lannion 02 96 46 90 00 **Public www.enssat.fr**

ENSTA Bretagne Brest
École nationale supérieure de techniques avancées Bretagne 29806 Brest 02 98 34 88 00 **Public www.ensta-bretagne.fr**

ENSTA ParisTech Palaiseau
École nationale supérieure de techniques avancées 91120 Palaiseau 01 81 87 17 40 **Public www.ensta-paristech.fr**

EPF école d'ingénieurs généralistes Montpellier
EPF école d'ingénieurs généralistes - site de Montpellier 34000 Montpellier 04 99 65 41 81 **Pr reconnu www.epf.fr A**

EPF Sceaux, Montpellier, Troyes
EPF école d'ingénieurs généralistes - campus de Sceaux - siège social 92330 Sceaux 01 41 13 01 51 **Pr reconnu www.epf.fr A**

ESEO Angers, Dijon, Paris
Grande école d'ingénieurs généralistes 49107 Angers 02 41 86 67 67 **Pr reconnu www.eseo.fr A**

ESIAB Quimper / IFRIA Bretagne
École supérieure d'ingénieurs en agroalimentaire de Bretagne Atlantique - site de Quimper 29334 Quimper 02 98 64 19 49 **Public www.univ-brest.fr/esiab A**

ESIEA
École supérieure d'informatique électronique automatique (annexe) 94200 Ivry-sur-Seine 01 55 43 23 23 **Pr reconnu www.esiea.fr**

ESIPE Créteil
École supérieure d'ingénieurs de Paris Est Créteil 94000 Créteil 01 56 72 62 55 **Public esipe.u-pec.fr**

ESIPE Marne-la-Vallée
École supérieure d'ingénieurs Paris-Est Marne-la-Vallée 77454 Champs-sur-Marne 01 60 95 74 21 **Public esipe.u-pem.fr**

ESIR Rennes
École supérieure d'ingénieurs de Rennes 35042 Rennes 02 23 23 66 00 **Public www.esir.univ-rennes1.fr**

ESITech Rouen
École supérieure d'ingénieurs en technologies innovantes 76801 Saint-Étienne-du-Rouvray 02 32 95 51 00 **Public www.esitech.fr**

ESIX Normandie DPT GSI et MeSN Cherbourg, Caen
ESIX Normandie, Département génie des syst. industriels et mécatronique syst. nomades 50130 Cherbourg-en-Cotentin 02 33 01 42 00 **Public esix.unicaen.fr**

ESIX Normandie DPT MeSN Caen
ESIX Normandie département mécatronique et systèmes nomades (MeSN) (site de Caen) 14032 Caen 02 31 56 73 42 **Public esix.unicaen.fr**

ESSTIN - Polytech Nancy
ESSTIN - Polytech Nancy 54519 Vandœuvre-lès-Nancy 03 83 68 50 00 **Public www.esstin.univ-lorraine.fr A**

ESTIA Bidart (64)
École supérieure des technologies industrielles avancées 64210 Bidart 05 59 43 84 00 **Consulaire www.estia.fr A**

Grenoble INP - Ensimag
École nationale supérieure d'informatique et de mathématiques appliquées - Grenoble INP 38402 Saint-Martin-d'Hères 04 76 82 72 33 **Public ensimag.grenoble-inp.fr**

Grenoble INP - Esisar
École nationale supérieure en systèmes avancés et réseaux - Grenoble INP 26902 Valence 04 75 75 94 00 **Public esisar.grenoble-inp.fr A**

Grenoble INP - Phelma
École nationale supérieure de physique, électronique, matériaux - Grenoble INP 38016 Grenoble 04 56 52 91 00 **Public phelma.grenoble-inp.fr**

HEI Châteauroux
École des hautes études d'ingénieur 36000 Châteauroux 02 54 53 52 90 **Pr reconnu www.hei.fr/campuscentre A**

IMT Atlantique Bretagne Pays de la Loire
École nationale supérieure Mines-Télécom Atlantique Bretagne Pays de la Loire 29238 Brest 02 29 00 11 11 **Public www.imt-atlantique.fr**

Ingénieurs 2000 Marne-la-Vallée
CFA Ingénieurs 2000 77447 Champs-sur-Marne 01 60 95 81 31 **Public www.ingenieurs2000.com A**

INP Toulouse ENSEEIHT
ENS d'électrotechnique, électronique, informatique, hydraulique, télécommunications 31071 Toulouse 05 34 32 20 00 **Public www.enseeiht.fr**

Pr Hc : privé hors contrat
Pr Sc : privé sous contrat
A : statut apprenti

Écoles d'ingénieurs (suite)

INSA Lyon
Institut national des sciences appliquées de Lyon 69621 Villeurbanne 04 72 43 83 83 **Public www.insa-lyon.fr A**

ISAE / SUPAERO Toulouse
Institut supérieur de l'aéronautique et de l'espace 31055 Toulouse 05 61 33 80 60 **Public www.isae-supaero.fr**

ISEN Brest
Institut supérieur de l'électronique et du numérique Brest 29228 Brest 02 98 03 84 00 **Pr reconnu www.isen-brest.fr A**

ISEN Lille, Brest, Nimes, Rennes, Toulon
Institut supérieur de l'électronique et du numérique 59046 Lille 03 20 30 40 50 **Pr reconnu isen.fr**

ISEN Toulon
Institut supérieur de l'électronique et du numérique Toulon 83000 Toulon 04 94 03 89 59 **Pr reconnu www.isen-toulon.fr A**

ISIMA Clermont-Ferrand
Institut supérieur d'informatique de modélisation et de leurs applications 63178 Aubière 04 73 40 50 00 **Public www.isima.fr**

ISTY Versailles SQY
Institut des sciences et techniques des Yvelines (ISTY) 78140 Vélizy-Villacoublay 01 39 25 38 50 **Public www.isty.uvsq.fr A**

ITII 2 Savoies
Institut des techniques d'ingénieur de l'industrie des Deux Savoies 74010 Annecy 04 50 09 65 05 **Pr Sc www.itii2savoies.com A**

ITII Alsace
Institut des techniques d'ingénieur de l'industrie Alsace 68055 Mulhouse 03 89 46 89 92 **Pr Sc www.itii-alsace.fr A**

ITII Aquitaine
Institut des techniques d'ingénieur de l'industrie d'Aquitaine 33523 Bruges 05 56 57 44 44 **Pr reconnu www.itii-aquitaine.com A**

ITII Bretagne
Institut des techniques d'ingénieur de l'industrie de Bretagne 22192 Plérin 02 96 74 73 13 **Pr reconnu www.itiibretagne.fr A**

ITII Centre
Institut des techniques d'ingénieur de l'industrie de la Région Centre 45380 La Chapelle-Saint-Mesmin 02 38 22 00 88 **Pr Sc www.itii-centre.fr**

ITII Dauphiné-Vivarais
Institut des techniques d'ingénieur de l'industrie Dauphiné-Vivarais 26901 Valence 04 75 41 85 54 **Pr Sc www.itii-dauphine-vivarais.com A**

ITII Franche-Comté
Institut des techniques d'ingénieur de l'industrie de Franche-Comté 25000 Besançon 03 81 41 39 83 **Pr reconnu www.itii-franche-comte.org A**

ITII Ile-de-France
Institut des techniques d'ingénieur de l'industrie Ile-de-France 92202 Neuilly-sur-Seine 01 41 92 36 73 **Pr reconnu www.itii-iledefrance.fr**

ITII Loire
Institut des techniques d'ingénieur de l'industrie de la Loire 42951 Saint-Étienne 04 77 93 78 01 **Pr Sc www.ifai.fr A**

ITII Lyon
Institut des techniques d'ingénieur de l'industrie de Lyon 69372 Lyon 04 78 77 07 57 **Pr reconnu www.itii-lyon.fr A**

ITII PACA
Institut des techniques d'ingénieur de l'industrie, Provence-Alpes-Côte d'Azur 13800 Istres 04 42 11 44 00 **Pr reconnu www.itii-paca.com A**

ITII Pays-de-la-Loire
Institut des techniques d'ingénieur de l'industrie des Pays de la Loire 44803 Saint-Herblain 02 28 03 69 06 **Pr reconnu www.itii-pdl.com A**

Mines d'Alès
École Nationale supérieure des mines d'Alès 30319 Alès 04 66 78 50 00 **Public www.mines-ales.fr A**

Mines de Douai
École nationale supérieure des mines de Douai 59508 Douai 03 27 71 22 22 **Public www2.mines-douai.fr**

Mines de Nancy - Université de Lorraine
École nationale supérieure des mines de Nancy 54042 Nancy 03 55 66 26 00 **Public www.mines-nancy.univ-lorraine.fr**

Mines de Nantes
École nationale supérieure des mines de Nantes 44307 Nantes 02 51 85 81 00 **Public www.mines-nantes.fr**

Mines de Paris ParisTech
École nationale supérieure des mines de Paris 75272 Paris 01 40 51 90 00 **Public www.mines-paristech.fr**

Mines de St-Étienne
École nationale supérieure des mines de Saint-Étienne 42023 Saint-Étienne 04 77 42 01 23 **Public www.mines-stetienne.fr**

Mines de St-Étienne à Gardanne - cycle ISMIN
École des mines de Saint-Étienne - cycle ingénieur spécialisé en micro-électronique informatique et nouvelles technologies 13541 Gardanne 04 42 61 66 25 **Public www.ismin.fr**

Montpellier SupAgro
Montpellier SupAgro -Institut national d'études supérieures agronomiques 34060 Montpellier 04 99 61 22 00 **Public www.supagro.fr A**

Polytech Annecy-Chambéry
École polytechnique universitaire de Savoie 74944 Annecy-le-Vieux 04 50 09 66 00 **Public www.polytech.univ-smb.fr A**

Polytech Grenoble
École polytechnique de l'université de Grenoble I 38041 Grenoble 04 76 82 79 02 **Public www.polytech-grenoble.fr A**

Polytech Nice-Sophia
Polytech Nice-Sophia 06410 Biot 04 92 96 50 50 **Public www.polytech.unice.fr A**

Polytech Orléans
École d'ingénieurs Polytech Orléans 45100 Orléans 02 38 41 70 50 **Public www.polytech-orleans.fr A**

Polytech Paris-Sud Orsay
Polytech Paris-Sud 91405 Orsay 01 69 33 86 00 **Public www.polytech.u-psud.fr A**

Polytech Paris-UPMC
École polytechnique universitaire Pierre et Marie Curie 75252 Paris 01 44 27 73 13 **Public www.polytech.upmc.fr A**

Polytech Tours
École polytechnique universitaire de Tours 37200 Tours 02 47 36 14 14 **Public www.polytech.univ-tours.fr A**

SeaTech Toulon La Garde
École d'ingénieurs de l'université de Toulon 83041 Toulon 04 83 16 66 60 **Public www.seatech.fr**

Sup Galilée Paris 13 Villetaneuse
Institut Galilée 93430 Villetaneuse 01 49 40 35 49 **Public www-galilee.univ-paris13.fr A**

SUPÉLEC
Supélec Centrale Campus Metz 57070 Metz 03 87 76 47 47 **Public www.supelec.fr/metz**

SupOptique Palaiseau
Institut d'optique Graduate School (SupOptique) 91127 Palaiseau 01 64 53 31 00 **Pr reconnu www.institutoptique.fr A**

Télécom Nancy
Télécom Nancy 54602 Villers-lès-Nancy 03 83 68 26 00 **Public www.telecomnancy.eu**

Télécom ParisTech
Télécom ParisTech École nationale supérieure des télécommunications 75634 Paris 0 815 855 866 **Public www.telecom-paristech.fr A**

Télécom Physique Strasbourg
Télécom Physique Strasbourg 67412 Illkirch-Graffenstaden 03 68 85 45 10 **Public www.telecom-physique.fr**

Télécom St-Étienne
Télécom Saint-Étienne 42023 Saint-Étienne 04 77 91 58 88 **Public www.telecom-st-etienne.fr A**

Télécom SudParis Évry, Palaiseau
Télécom SudParis 91011 Évry 01 60 76 42 37 ou 01 60 76 41 11 **Public www.telecom-sudparis.eu A**

UPSSITECH École d'ingénieur Toulouse
Université Paul Sabatier, sciences, ingénierie et technologie 31062 Toulouse 05 61 55 75 46 **Public upssitech.ups-tlse.fr**

UTBM Belfort
Université de technologie de Belfort-Montbéliard 90010 Belfort 03 84 58 30 00 **Public www.utbm.fr A**

ÉCOLES DE COMMERCE

Liste (par ordre alphabétique) des écoles de commerce offrant une spécialisation en management des systèmes d'information. Sont mentionnés le statut de l'établissement (public, privé reconnu, consulaire) et les cursus proposés en apprentissage (signalés par un **A**).

AUDENCIA
AUDENCIA Business School 44312 Nantes Cedex 03 02 40 37 34 34 **Privé reconnu www.audencia.com A**

BBS
Brest Business School 29238 Brest Cedex 03 02 98 34 44 44 **Privé reconnu www.brest-bs.com A**

EM NORMANDIE
École de Management de Normandie 14052 Caen Cedex 04 02 31 46 78 78 **Privé reconnu www.ecole-management-normandie.fr A**

EM LYON
EMLYON Business School programme Global BBA 42009 Saint-Étienne Cedex 02 04 27 40 50 20 **Privé reconnu bba.em-lyon.com A**

ESC CLERMONT
Groupe ESC Clermont 63037 Clermont-Ferrand Cedex 01 04 73 98 24 24 **Privé reconnu www.esc-clermont.fr A**

ESC PAU
Groupe ESC Pau 64075 Pau Cedex 05 59 92 64 64 **Consulaire www.esc-pau.fr A**

ESCP EUROPE
ESCP EUROPE 75543 Paris Cedex 11 01 49 23 20 00 **Consulaire www.escpeurope.eu A**

ESSEC
ESSEC Business School 95021 Cergy-Pontoise Cedex 01 34 43 30 00 **Consulaire www.essec.edu A**

Grenoble EM
Grenoble École de Management 38003 Grenoble Cedex 01 04 76 70 60 60 **Consulaire www.grenoble-em.com A**

IESEG
IESEG School of management 59000 Lille 03 20 54 58 92 **Privé reconnu www.ieseg.fr A**

ISC PARIS
Institut supérieur du commerce 75848 Paris Cedex 01 40 53 99 99 **Privé reconnu www.iscparis.fr**

NEOMA-CESEM
Neoma Business School - programme CESEM 51061 Reims Cedex 03 26 77 47 47 **Privé reconnu cesem.neoma-bs.fr**

SKEMA
SKEMA Business School 06902 Sophia Antipolis 04 93 95 44 44 **Privé reconnu www.skema-bs.fr A**

TBS
Toulouse Business School 31068 Toulouse Cedex 07 05 61 29 49 49 **Consulaire www.tbs-education.fr A**

TELECOM EM
Télécom École de management 91011 Évry Cedex 01 60 76 46 21 **Public www.telecom-em.eu**

FORMATIONS SPÉCIALISÉES

Liste (par ordre alphabétique) des écoles offrant une formation en informatique. Sont mentionnés le statut de l'établissement (privé hors contrat, consulaire...) et les cursus proposés en apprentissage (signalés par un **A**). Sont signalés uniquement les accès en 1re année, ces formations pouvant par ailleurs accueillir des étudiants en cours de cursus.

3iL Academy
87015 Limoges 05 55 31 67 24 **Consulaire www.3il-academy.fr/**
- Concepteur de systèmes d'information. Durée 2 ans après bac + 2 informatique. **A**
- Manager de systèmes d'information et d'infrastructure. Durée 2 ans. Coût total : 8 600 €.

AFIP Formations
69100 Villeurbanne 04 78 37 81 81 **Pr Hc www.afip-formations.com**
- Concepteur développeur informatique. Durée 2 ans. **A**

AIFCC Formation
14077 Caen 02 31 44 32 11, 14107 Lisieux 02 31 61 19 57 **Consulaire www.aifcc.com**
- Manager de systèmes d'information et d'infrastructure. Durée 2 ans après bac + 3. Coût total : 11 000 €.

Autograf
75020 Paris 01 43 70 00 22 **Pr Hc www.autograf.fr**
- Intégrateur de médias interactifs. Durée 1 an après le bac. Coût total : 6 950 €.

Campus Centre
36000 Châteauroux 02 54 53 52 00 **Consulaire www.campus-centre.fr**
- Manager des systèmes d'information (CESI). Durée 3 ans après bac + 2. **A**

Pr Hc : privé hors contrat
Pr Sc : privé sous contrat
A : statut apprenti

Formations spécialisées (suite)

CCI Formation multimédia CCI Formation Digital
74000 Annecy 04 50 33 72 18 **Consulaire**
www.formation-cci.fr
- Manager en ingénierie de la communication numérique interactive (Gobelins). Durée 2 ans après bac + 3. **A**

CCI pôle formation Est - CFA
97470 Saint-Benoît 02 62 50 02 95
Consulaire
www.reunion.cci.fr/formation
- Concepteur et développeur de solutions mobiles. Durée 1 an après bac + 2. **A**
- Développeur-intégrateur de solutions intranet-internet. Durée 2 ans après le bac. **A**
- Technicien conseil en réseaux et télécommunications. Durée 2 ans après le bac. **A**

CCI pôle formation Nord - CFA
97495 Saint-Denis 02 62 48 35 05
Consulaire www.reunion.cci.fr/formation
- Chef de projet en marketing Internet et conception de site. Durée 1 an après bac + 2. **A**

CCI Sud Formation CFA Languedoc-Roussillon Béziers
34535 Béziers 04 67 80 97 09 CFA **public**
www.sudformation.cci.fr
- Technicien réseaux et services très haut débit. Durée 1 an. **A**

CCI Sud Formation CFA Languedoc-Roussillon Carcassonne
11890 Carcassonne 04 68 71 38 76 CFA **public www.sudformation.cci.fr**
- Chef de projet en marketing Internet et conception de site. Durée 1 an après bac + 2. **A**
- Intégrateur de médias interactifs. Durée 2 ans après le bac. **A**

CCI Sud Formation CFA Languedoc-Roussillon Perpignan
66004 Perpignan 04 68 56 62 20
CFA public www.perpignan.cci.fr
- Chef de projet en marketing Internet et conception de site. Durée 2 ans. **A**

CIFA PME Centre interprofessionnel de formation des apprentis de PME
24100 Bergerac 05 53 23 60 00,
33000 Bordeaux 05 57 22 42 30
CFA privé www.cifapme.net
- Intégrateur de médias interactifs. Durée 2 ans après le bac. **A**

CNAM CRA Nouméa Centre régional associé au conservatoire national des arts et métiers
98846 Nouméa
00 687 28 37 07/ 2830 **Public**
www.acestecnam.nc/Cnam/Home
- Analyste programmeur. Durée 2 ans après le bac
- Concepteur en architecture informatique. Durée 2 ans après bac + 2

CFA CESFA CESI Antenne du Mans CESFA des Pays de la Loire
72000 Le Mans 02 28 01 40 12 **CFA privé**
www.cesi-entreprises.fr
- Responsable en ingénierie des logiciels. Durée 24 mois. Admission en 1re année : test de positionnement et entretien avec un ingénieur formateur pour bac + 2. **A**
- Responsable en ingénierie réseaux. Durée 24 mois. Admission : test de positionnement à l'entrée et entretien avec un ingénieur formateur pour bac + 2. **A**

CESI ALTERNANCE
École supérieure des métiers **Pr Hc**
Consulter les différentes implantations sur **www.cesi-alternance.fr**
- Manager des systèmes d'information (CESI). Admission avec bac + 2 **A**.
- Responsable en ingénierie des logiciels. Admission avec bac + 2. **A**
- Responsable en ingénierie systèmes et réseaux. Admission avec bac + 2 **A**
- Gestionnaire en maintenance et support informatique. Admission avec le bac **A**
- Analyste-programmeur. Admission avec le bac. **A**
- Technicien systèmes et réseaux. Admission avec le bac.
- Web concepteur. Admission avec le bac.

CFA AFTI
91401 Orsay 01 69 33 05 37 **CFA privé**
www.cfa-afti.com
- Expert en conduite et développement de logiciels industriels temps réel. Durée 2 ans après un bac + 3 informatique. **A**

CFA bureautique et métiers tertiaires
69009 Lyon 04 72 85 71 37 **CFA privé**
www.cfa-igslyon.com/
- Administrateur de systèmes d'information. Durée 2 ans. **A**
- Maintenicien(ne) informatique et réseaux. Durée 2 ans après le bac. **A**

CFA CESFA
54600 Villers-lès-Nancy 03 83 28 46 46
CFA privé corporate.cesi.fr/centre-nancy.asp
- Gestionnaire en maintenance et support informatique. Durée 2 ans après le bac. **A**
- Responsable en ingénierie réseaux. Durée 2 ans après bac + 2. **A**
- Technicien systèmes et réseaux. Durée 2 ans après le bac. **A**

CFA CESFA informatique
92006 Nanterre 01 55 17 80 00 **CFA privé**
www.cesfa-informatique.fr
- Gestionnaire en maintenance et support informatique. Durée 2 ans après le bac. **A**
- Manager des systèmes d'information (CESI). Durée 3 ans après bac + 2. **A**

CFA CFI Montigny-le-Bretonneux (anciennement IFA Delorozoy)
78067 Montigny-le-Bretonneux 01 30 48 80 00 **Consulaire www.ifa.delorozoy.fr**
- Chef de projet informatique et robotique. Durée 3 ans. **A**

CFA de la CCI Alsace
68001 Colmar 03 89 20 22 00 **Consulaire**
www.cfa-cci-alsace.eu
- Concepteur et développeur de solutions mobiles. Durée 1 an après bac + 2 en informatique. **A**
- Développeur-intégrateur de solutions intranet-internet. Durée 2 ans après bac + 1. **A**

CFA de la CCI du Morbihan
56323 Lorient 02 97 02 40 00 **Consulaire**
formation.morbihan.cci.fr
- Concepteur de systèmes d'information. Durée 1 an après bac + 2 en informatique. **A**
- Manager de systèmes d'information et d'infrastructure. Durée 2 ans après licence ou équivalent à dominante informatique. **A**

CFA de la chambre de commerce et d'industrie de la Charente campus CIFOP
16340 L'Isle-d'Espagnac 05 45 90 13 13
Consulaire www.cifop.fr
- Développeur-intégrateur de solutions intranet-internet. Durée 2 ans après le bac. **A**

CFA de l'ADEFA - ACTIF CNT
59301 Valenciennes 03 27 51 91 91
CFA privé www.adefa.fr

• Gestionnaire en maintenance et support informatique. Durée 2 ans après bac + 1. A

■ EI CESI Arras - CFA de l'ADEFA
62000 Arras 03 21 51 81 65 **CFA privé**
www.adefa.fr
• Gestionnaire en maintenance et support informatique. Durée 2 ans après le bac. A

■ CFA de l'ADEFA - UFA Amigraf
59000 Lille 03 20 57 09 82 **CFA privé**
www.amigraf.com
• Développeur-intégrateur de solutions intranet-internet. Durée 2 ans après le bac. A

■ CFA de l'AFPA Bordeaux Bègles
33130 Bègles 3936 CFA **public**
www.aquitaine.afpa.fr
• Technicien(ne) supérieur(e) gestionnaire exploitant(e) de ressources informatiques. Durée 2 ans après le bac. A

■ CFA INSTA CFA de l'institut supérieur des techniques avancées d'administration et de management
75011 Paris 01 43 41 72 50 **CFA privé**
www.insta.fr
• Analyste informaticien(ne). Durée 2 ans après bac + 3. A
• Concepteur en architecture informatique. Durée 1 an après bac + 4. A

■ CFA des métiers de la communication et de la création numérique Campus fonderie de l'image
93170 Bagnolet 01 55 82 41 51 **CFA privé**
www.campusfonderiedelimage.org
• Intégrateur de médias interactifs. Durée 2 ans. A

■ CFA CESFA CESI des Pays de la Loire - CESFA AGEFA PME des Pays de la Loire
44307 Nantes 02 28 01 15 55 **CFA privé**
www.cesi-entreprises.fr
• Développeur web. Durée 2 ans après le bac. A

■ CFA Faculté des métiers de l'Essonne - site de Massy
91300 Massy 01 69 19 46 00 **Consulaire**
www.facmetiers91.fr
• Concepteur et développeur de solutions mobiles. Durée 1 an. A
• Gestion de ressources informatiques. Durée 1 an. A

■ CFA Faculté des métiers de l'Essonne - site d'Évry
91000 Évry 01 60 79 74 00 **Consulaire**
www.facmetiers91.fr
• Concepteur et développeur de solutions mobiles. Durée 1 an. A
• Gestion de ressources informatiques. Durée 1 an. A

■ CFA Gobelins l'école de l'image Site Paris
75013 Paris 01 40 79 92 12 **Consulaire**
www.gobelins.fr
• Concepteur réalisateur multimédia. Durée 2 ans après bac + 2. A

■ CFA IPI poly-informatique CFA IPI - Institut de poly-informatique
75010 Paris 01 80 97 35 00 **CFA privé**
www.ipi-ecoles.com
• Administrateur(trice) systèmes, réseaux et bases de données. Durée 2 ans après bac + 2. A
• Chef de projets informatiques. Durée 1 an. A
• Maintenicien(ne) en informatique et réseaux. Durée 1 an après le niveau bac. A
• Maintenicien(ne) informatique et réseaux. Durée 2 ans après le niveau bac. A
• Manager des systèmes d'information (ADIP-IPI). Durée 1 an après bac + 3 ou bac + 4. A

■ CFA ITESCIA - Campus Cergy
95800 Cergy 01 34 20 63 63 CFA **public**
www.itescia.fr
• Manager en ingénierie informatique. Durée 3 ans après bac + 2. A

■ CFA ITESCIA - Campus Pontoise
95300 Pontoise 01 30 75 36 36 **Consulaire**
www.itescia.fr
• Manager en ingénierie informatique. Durée 3 ans. A

■ CFA L'EA Aubergenville (anciennement ITEDEC)
78410 Aubergenville 01 30 90 54 00
Consulaire www.itedec.fr
• Technicien réseaux et services très haut débit. Durée 1 an. A

■ CFA L de Vinci
92916 Courbevoie 01 41 16 72 80 **CFA privé**
www.cfadevinci.fr
• Concepteur en systèmes mécaniques. Durée 1 an. Admission : BTS, L2 ou DUT en mécanique ou industrie. A
• Gestion de ressources informatiques. Durée 1 an. Admission : bac + 2. A

■ CFA UTEC informatique et technologies numériques Marne-la-Vallée
77436 Emerainville 01 60 37 52 31
Consulaire www.cfautec.fr
• Manager en ingénierie informatique. Durée 3 ans. A

■ CFA UTEC Montereau-Fault-Yonne
77184 Émerainville 01 60 37 52 31
Consulaire www.cfautec.fr
• Technicien réseaux et services très haut débit. Durée 1 an après le niveau bac au moins. A

■ CNAM Guadeloupe Conservatoire national des arts et métiers de la Guadeloupe
97110 Pointe-à-Pitre 0590 21 06 46 **Public**
cnam.univ-ag.fr
• Analyste programmeur. Durée 2 ans après le niveau bac.
• Concepteur en architecture informatique. Durée 2 ans après bac + 2.

■ Cs2i Nevers - école supérieure d'informatique Cs2i Bourgogne - école supérieure d'informatique
58000 Nevers 03 86 60 55 69 **Consulaire**
www.cs2i-bourgogne.com
• Concepteur de systèmes d'information. Durée 3 ans après le bac. Coût total : 10 500 €. A
• Manager de systèmes d'information et d'infrastructure. Durée 2 ans après bac + 3. Coût total : 8 200 €. A

■ Département MIDO (mathématiques et informatique de la décision et des organisations)
75016 Paris 01 44 05 43 40 **Public**
www.mido.dauphine.fr
• Diplôme de premier cycle de l'université Paris-Dauphine, mention informatique des organisations. Durée 3 ans après bac. A

■ DIGISUP
58000 Nevers 03 86 60 55 58 **Consulaire**
www.digisup.com
• Chef de projet en marketing Internet et conception de site. Durée 9 mois. Coût total : 3 900 €.

■ Digital Campus Digital Campus
34000 Montpellier 04 67 91 31 24 **Pr Hc www.digital-campus.fr/ecole/montpellier**
• Expert en stratégie digitale. Durée 2 ans après bac + 3. Coût total : 14 780 €.

Pr Hc : privé hors contrat
Pr Sc : privé sous contrat
A : statut apprenti

Formations spécialisées (suite)

e-artsup
34000 Montpellier 01 84 07 13 20 **Pr Hc**, 44100 Nantes 01 44 08 00 05 **Pr Hc**, 59800 Lille 03 20 15 84 40 **Pr Hc**, 75011 Paris 01 44 08 00 62 **Pr Hc** **www.e-artsup.net**
- Bachelor game & creative coding. Durée 3 ans après le bac. Coût total : 15 930 €.

OBJECTIF 3D École de formation artistique
34980 Montferrier-sur-Lez 04 67 15 01 66 Pr Hc **www.objectif3d.com**
- Programmation pour jeu vidéo. Durée 3 ans après le bac. Coût total : 20 400 €.

École 42
Consulter les programmes et le mode d'admission sur **www.42.fr**

École de la communication et de la création digitale (E-COD)
33049 Bordeaux 05 56 79 52 11 / 50 43 **Consulaire www.ecod-formation.com**
- Chef de projet en marketing Internet et conception de site. Durée 9 mois après bac + 2. Coût total : 5 900 €.
- Conception et réalisation de produits en ligne. Durée 10 mois après bac + 2. Coût total : 10 300 €.

ICOGES École des BTS et Institut de commerce et de gestion
75015 Paris 01 45 58 17 33/01 55 26 95 70 **Pr Hc www.icoges.fr**
- Diplôme européen d'études supérieures informatique et réseaux. Durée 1 an après bac + 2. Coût total : 4 600 €.
- Diplôme européen d'études supérieures webmaster. Durée 1 an après bac+ 2. Coût total : 4600 €.
- Diplôme européen en informatique. Durée 2 ans après bac + 3. Coût total : 10 500 €.

École d'informatique d'Ingésup Bordeaux
33000 Bordeaux 0800 600 633 / 05 56 90 00 10 **Pr Hc www.ingesup.com**
- Expert informatique et systèmes d'information (INGESUP). Durée 5 ans après le bac. Coût total : 30 000 €. **A**

École d'ingénierie informatique
29200 Brest 02 98 49 22 99 **Pr Hc www.brest-opencampus.com/epsi/**
- Administrateur(trice) systèmes, réseaux et bases de données. Durée 5 ans après le bac. Coût total : 38 900 €.

ETS École européenne
75017 Paris 01 44 29 23 60 **Pr Hc www.ecole-europeenne.com**
- Diplôme européen d'études supérieures en informatique, réseaux et sécurité. Durée 1 an. Coût total : 5 450 €.
- Diplôme européen d'études supérieures informatique et réseaux. Durée 1 an. Coût total : 5 450 €.
- Diplôme européen d'études supérieures webmaster. Durée 1 an. Coût total : 5 450 €.

École européenne des métiers de l'Internet EEMI
75002 Paris 01 45 56 15 61 **Pr Hc www.eemi.com**
- Bachelor métiers du web. Durée 3 ans après le bac. Coût total : 24 000 €.

Partner Sup' (Isitech) École Isitech - Partner Sup' 69007 Lyon 04 27 18 14 40 **Pr Hc www.ecole-isitech.com**
- Responsable de projets informatiques. Durée 3 ans après le bac. Coût total : 9100 €.

EPITECH École pour l'informatique et les nouvelles technologies
06300 Nice 01 44 08 00 26 **Pr Hc www.nice.epitech.eu**, 13002 Marseille 01 44 08 01 37 **Pr Hc**, 31000 Toulouse 01 44 08 00 15 **Pr Hc www.toulouse.epitech.eu**, 33000 Bordeaux 01 44 08 00 14 **Pr reconnu www.bordeaux.epitech.eu**, 34000 Montpellier 01 44 08 00 75 **Pr Hc www.epitech.eu**, 35000 Rennes 01 80 51 71 10 **Pr reconnu www.epitech.eu/rennes/ecole-informatique-rennes.aspx**, 44100 Nantes 01 44 08 00 11 **Pr Hc**, 54000 Nancy 01 44 08 00 36 **Pr Hc**, 59000 Lille 01 44 08 00 10 **Pr Hc epitech.eu**, 67000 Strasbourg 01 44 08 00 12 **Pr Hc**, 69003 Lyon 01 44 08 00 13 **Pr Hc**, 94270 Le Kremlin-Bicêtre 01 44 08 01 05 **Pr Hc**
- Expert en technologies de l'information (EPITECH). Durée 5 ans après le bac. Coût total : 35 380 à 41 140 €.

EPSI École privée des sciences informatiques
62000 Arras 03 21 71 33 ; 33300 Bordeaux 05 56 43 13 13 ; 29200 Brest ; 38610 Giere 04 76 09 15 72 ; 92300 Levallois-Perret 01 47 39 60 77 ; 59000 Lille 03 20 34 35 36 ; 69006 Lyon 04 72 71 09 28 ; 34090 Montpellier 04 67 04 20 01 ; 44000 Nantes 02 40 76 60 87 - **Pr Hc www.epsi.fr**
- Bachelor informatique. Durée 3 ans après le bac.
- Expert en informatique et systèmes d'information (EPSI). Durée 2 ans après bac + 3

ESGI École supérieure de génie informatique - Réseau GES
75019 Paris 01 44 68 11 47 **Pr reconnu www.esgi.fr**
- Chef/fe de projet logiciel et réseau. Durée 3 ans après le bac. Coût total : 18 200 €.
- Expert en ingénierie de l'informatique et des systèmes d'information. Durée 2 ans après bac + 3. Coût total : 26 800 €. **A**

ESIC École supérieure de l'informatique et de la communication
75014 Paris 01 53 90 15 20 **Pr Hc www.esic.fr**
- Administrateur réseaux. Durée 2 ans après le bac. Coût total : 5 100 €.
- Concepteur développeur informatique. Durée 2 ans après bac + 2. Coût total : 12 000 €.

Supdeweb École supérieure des métiers du web
75016 Paris 01 46 47 29 07 **Pr Hc www.supdeweb.com/**
- Bachelor web. Durée 3 ans après le bac. Coût total : 13 740 €.

École supérieure des services aux entreprises
14000 Caen 02 31 53 30 30 **Pr Hc www.e2se.fr**
- Concepteur réalisateur web et digital. Durée 1 an après bac + 2. Coût total : 4 790 €.

École supérieure d'informatique de la Méditerranée
13013 Marseille 04 91 95 50 00 **Pr Hc www.esimed.fr**
- Chef de projet en système d'information (ESIMED). Durée 2 ans après bac + 2 informatique. Coût total : 10 000 €.
- Expert en ingénierie informatique (ESIMED). Durée 3 ans après bac + 2 informatique. Coût total : 15 000 €.

École supérieure régionale du numérique - ESRN - CFA
97440 Saint-André 0262 94 22 22 **Consulaire www.esrn.re**

- Chef de projet en marketing Internet et conception de site. Durée 1 an. **A**
- Concepteur de systèmes d'information. Durée 2 ans. **A**
- Développeur-intégrateur de solutions intranet-internet. Durée 2 ans. **A**
- Manager de systèmes d'information et d'infrastructure. Durée 2 ans. **A**

■ ESTEI École supérieure technologies électronique informatique infographie
33300 Bordeaux 05 56 90 00 10 **Pr Hc**
www.estei.fr
- Chef de projet systèmes embarqués. Durée 5 ans après le bac. Coût total : 27 500 €. **A**

■ ECORIS École technique privée ECORIS Annecy
74000 Annecy-le-Vieux
04 50 09 27 98 **Pr Hc**,
ECORIS Chambéry 73000 Chambéry
04 79 69 28 17 **Pr Hc www.ecoris.com**
- Concepteur de systèmes d'information. Durée 2 ans après bac + 2. Coût total : 5 180 €.

■ EFFICOM LILLE
59000 Lille 03 20 15 16 77 **Pr Hc**
www.efficom-lille.fr
- Chargé de production web et digital. Durée 2 ans après le bac. Coût total : 9 000 €.
- Chargé de projets en systèmes informatiques appliqués. Durée 1 an après bac + 2. Coût total : 5 200 €.
- Concepteur réalisateur web et digital. Durée 1 an après bac + 2. Coût total : 4 800 €.
- Expert en ingénierie informatique (EFFICOM). Durée 2 ans après bac + 4. Coût total : 10 800 €.

■ EFFICOM Paris, l'école supérieure en Web, informatique, audiovisuel et design
92120 Montrouge 01 41 17 12 12 **Pr Hc**
www.efficom.fr
- Chargé de projets en systèmes informatiques appliqués. Durée 1 an après bac + 2. Coût total : 5 990 €
- Concepteur réalisateur web et digital. Durée 1 an après bac + 2. Coût total : 5 990 €.
- Expert en ingénierie informatique (EFFICOM). Durée 2 ans après bac + 3. Coût total : 12 400 €.

■ EMB - CFA École de management de Bastia EMB
20290 Borgo 04 95 30 94 71 **Consulaire**
www.em-bastia.fr
- Chef de projet en marketing Internet et conception de site. Durée 9 mois. **A**

■ ENI École informatique
44801 Saint-Herblain 02 28 03 17 28 **Pr Hc**
www.eni-ecole.fr
- Développeur logiciel. Durée 2 ans. **A**
- Technicien(ne) supérieur(e) de support en informatique. Durée 2 ans. **A**

■ EURIDIS
93210 Saint-Denis 01 55 99 98 10 **Pr Hc**
www.euridis-ecole.com
- Chargé d'affaires en hautes technologies. Durée 1 an après bac + 2. **A**

■ Faculté des métiers de la CCI de Rennes
35170 Bruz 02 99 05 45 45 **Consulaire**
www.fac-metiers.fr
- Chef de projet en marketing Internet et conception de site. Durée 9 mois. Coût total : 4 800 €.

■ Grandes écoles du numérique
268 formations labellisées en développement informatique ou web et en systèmes et réseaux. Consulter les implantations de ces formations sur le site www.grandeecolenumerique.fr.

■ Groupe FIM CCI Formation Normandie Saint-Lô - Campus
1 50006 Saint-Lô 02 33 77 43 50 **Consulaire www.fim.fr**
- Chef de projet en marketing Internet et conception de site. Durée 1 an après bac + 2. Coût total : 2 940 €.
- Intégrateur de médias interactifs. Durée 2 ans après le bac. Coût total : 7 960 €.

■ Gobelins - École de l'image - Paris
75013 Paris 01 40 79 92 79 **Consulaire**
www.gobelins.fr
- Bachelor designer et développeur interactif option développement. Durée 1 an après bac + 2. **A**
- Manager en ingénierie de la communication numérique interactive (Gobelins). Durée 10 mois après bac + 3 informatique. Coût total : 10 300 €.

■ Groupe École pratique Groupe école pratique (antenne du CFA interconsulaire méditerranée)
13006 Marseille 04 91 14 26 80 **Consulaire**
www.groupe-ecolepratique.com
- Concepteur et développeur de solutions mobiles. Durée 1 an après bac + 2. Coût total : 5 300 €.

■ IMIE
49000 Angers 02 41 66 67 66 ;
72000 Le Mans 02 43 75 82 23 **Pr Hc**
imie-ecole-informatique.fr
- Concepteur développeur informatique. Durée 2 ans. **A**

■ Ingésup Paris
75020 Paris 01 56 98 21 30 **Pr Hc**
www.insia.org
- Certificat supérieur d'ingénierie appliquée (INSIA). Durée 3 ans après bac + 2.
- Diplôme européen en informatique. Durée 2 ans après bac + 3.

■ ICAN Institut de création et d'animation numériques
75012 Paris 01 44 68 11 47 **Pr Hc**
www.ican-design.fr
- Expert en ingénierie de l'informatique et des systèmes d'information. Durée 2 ans après bac + 3. Coût total : 13 400 €.

■ IESA Institut d'enseignement supérieur par alternance
67000 Strasbourg 03 88 37 13 12 **Pr Hc**
www.contrat-pro.fr
- Diplôme européen d'études supérieures webmaster. Durée 1 an après bac + 2. Coût total : 4 100 €.

■ ITIC Institut des techniques informatiques et commerciales
75020 Paris 01 43 73 20 40 **Pr Hc**
www.iticparis.com
- Bachelor développement d'applications mobiles. Durée 1 an. Coût total : 4 490 €.
- Diplôme européen d'études supérieures en informatique, réseaux et sécurité. Durée 1 an. Coût total : 4490 €.
- Diplôme européen d'études supérieures informatique et réseaux. Durée 1 an. Coût total : 4 490 €.
- Diplôme européen d'études supérieures webmaster. Durée 1 an. Coût total : 4 490 €.

Pr Hc : privé hors contrat
Pr Sc : privé sous contrat
A : statut apprenti

Formations spécialisées (suite)

- Diplôme européen en informatique. Durée 2 ans après bac + 3. Coût total : 5 490 €.
- Technicien de maintenance micro-informatique et réseaux. Durée 1 an. Coût total : 4 790 €.

Institut G4
13013 Marseille 08 11 69 00 00 **Pr Hc**
www.g-4.fr
- Chef de projet en système d'information. Durée 1 an après bac + 4. Coût total : 7 400 €.
- Chef de projet sécurité des systèmes d'information. Durée 1 an après bac + 4. Coût total : 6 500 €.
- Chef de projet système d'information option informatique. Durée 3 ans après bac + 2. Coût total : 9 000 €.
- Chef de projet système d'information option multimédia. Durée 3 ans après bac + 2. Coût total : 9 000 €.

IMERIR Institut méditerranéen d'informatique et robotique
66011 Perpignan 04 68 56 80 18
Consulaire www.imerir.com
- Chef de projet informatique et robotique. Durée 3 ans après bac + 2. Coût total : 14 700 €. **A**
- Concepteur et développeur de solutions mobiles. Durée 1 an. Coût total : 4 900 €. **A**

IRIS Institut supérieur de ressources informatiques
75017 Paris 01 44 01 86 70 **Pr Hc**
www.ecoleiris.fr
- Développeur d'applications mobiles. Durée 1 an. Coût total : 5 450 €.
- Diplôme européen d'études supérieures en informatique, réseaux et sécurité. Durée 1 an après bac + 2. Coût total : 5 450 €.
- Diplôme européen d'études supérieures informatique et réseaux. Durée 1 an après bac + 2. Coût total : 5 450 €.
- Diplôme européen d'études supérieures webmaster. Durée 1 an après bac + 2. Coût total : 5 450 €.
- Diplôme européen en informatique. Durée 2 ans après bac + 3. Coût total : 11 400 €.

Sup'St Jo Institut supérieur Saint-Joseph
21010 Dijon 03 80 59 20 20 **Pr reconnu**
www.stjodijon.com
- Bachelor informatique option sécurité et réseaux. Durée 1 an après un bac + 2. Coût total : 3 900 €.
- Chef de projet international en informatique et réseaux. Durée 2 ans après un bac + 2. Coût total : 13 900 €.

Institut supérieur SUP'ESAIP
49180 Saint-Barthélémy-d'Anjou
02 41 96 65 10 **Pr reconnu esaip.org**
- Chef de projet international en informatique et réseaux. Durée 2 ans après bac + 3 informatique. Coût total : 11 700 €.

In'tech INFO - Institut des NTI (groupe ESIEA)
94200 Ivry-sur-Seine 01 43 90 21 21 **Pr Hc**
www.intechinfo.fr
- Expert en ingénierie du logiciel. Durée 2 ans après bac + 3 informatique, **A**
- Expert en ingénierie des systèmes et réseaux. Durée 2 ans après bac + 3 informatique. **A**
- Technologue (In'tech Info). Durée 3 ans après le bac. Coût total : 26 220 €.

Ionis school of technology and management Ionis school of technology and management
94200 Ivry-sur-Seine 01 53 14 59 29 **Pr Hc**
www.ionis-stm.com
- Bachelor management et ingénierie informatique. Durée 1 an après bac + 2. Coût total : 7 450 €.
- MBA en informatique et management. Durée 2 ans après bac + 3. Coût total : 14 125 €.
- MBA en management digital. Durée 2 ans après bac + 3. Coût total : 14 125 €.

ISART Digital
75011 Paris 01 48 07 58 48 **Pr Hc**
www.isartdigital.com
- Game design et programming. Durée 4 ans après le bac.

IT Paris Eiffel
75015 Paris 01 44 39 25 60 **Pr Hc**
www.it-pariseiffel.fr
- Bachelor informatique option Ville numérique et développement durable. Durée 1 an après bac + 2. Coût total : 7 600 €.
- Développeur en génie logiciel web et mobilité. Durée 1 an après bac + 2. Coût total : 7 600 €.
- Responsable de la sécurité des systèmes d'information et des réseaux. Durée 1 an après bac + 2. Coût total : 7 600 €.

ITECOM Artdesign
06000 Nice 04 93 53 06 60 **Pr Hc**
www.itecom-artdesign.com
- Web développement. Durée 1 an après bac + 1 informatique. Coût total : 6 750 €.

IUT Paris 5 Paris Descartes
75016 Paris 01 42 86 47 23/22/24 **Public**
www.iut.parisdescartes.fr
- DEST- BSc informatique. Durée 1 an après bac + 2.

L'École multimédia
75003 Paris 0142 78 51 01 **Pr Hc**
www.ecole-multimedia.com
- Développeur multimédia. Durée 3 ans après année préparatoire ou bac + 1 informatique. Coût total : 12 560 €.

Ludus Académie
67000 Strasbourg 03 69 26 60 77 **Pr Hc**
ludus-academie.fr/
- Développeur multimédia. Durée 2 ans après le bac. Coût total : 9 800 €.

Lycée C A Coulomb Lycée Charles Augustin Coulomb
16016 Angoulême 05 45 61 83 00 **Public**
www.lyceecharlescoulomb.fr
- Gestionnaire en maintenance et support informatique. Durée 2 ans après le bac. **A**

Lycée de la Salle
35706 Rennes 02 99 87 12 12 **Pr Sc**
www.lycee-delasalle.com
- Chef/fe de projet logiciel et réseau. Durée 1 an après BTS ou DUT en informatique. **A**

Lycée La Chartreuse Paradis
43700 Brives-Charensac 04 71 09 83 09
Pr Sc www.lachartreuse-paradis.fr
- Concepteur développeur informatique. Durée 1 an après bac + 2 informatique. Coût total : 1 380 €.

Lycée Saliège
31131 Balma 05 61 24 78 40 **Pr Sc**
www.saliege.fr
- Webmaster. Durée 1 an après bac + 2. Coût total : 2 500 €.

Lycée Henri Loritz
54042 Nancy 03 83 36 75 42 **Public**
www.loritz.fr
- Technicien réseaux et services très haut débit. Durée 1 an. **A**

Lycée ORT
69373 Lyon 04 72 78 09 09 **Pr Sc**
www.ort-lyon.fr/
- Manager de systèmes d'information et d'infrastructure. Durée 2 ans. Coût total : 9 000 €.

■ Lycée Lamarck
80301 Albert 03 22 74 46 00 **Public**
lamarck.lyc.ac-amiens.fr
• Technicien réseaux et services très haut débit. Durée 1 an. **A**

■ Lycée St-Joseph
62280 Saint-Martin-Boulogne
03 21 99 06 99 **Pr Sc www.st-jo.com**
• Bachelor informatique et réseaux. Durée 1 an après bac + 2 informatique.

■ Lycée Pasteur Mont-Roland
39107 Dole 03 84 79 66 00 **Pr Sc**
www.lyceepasteur-roland.com
• Administrateur de systèmes d'information. Durée 2 ans après BTS. **A**

■ LP J Raimu Lycée professionnel Jules Raimu
30908 Nîmes 04 66 64 20 33 **Public**
www.lyc-raimu-nimes.ac-montpellier.fr
• Technicien réseaux et services très haut débit. Durée 1 an. **A**

■ LP Lavoisier Lycée professionnel Lavoisier
60110 Meru 03 44 52 65 40 **Public**
www.lycee-lavoisier-meru.fr
• Technicien réseaux et services très haut débit. Durée 1 an. **A**

■ Lycée Limayrac
31079 Toulouse 05 61 36 08 08 **Pr Sc**
www.limayrac.fr
• Responsable de projets informatiques. Durée 1 an. Coût total : 4 300 €.

■ Pôle formation des industries technologiques - CFAI AFPI - Centre de Nantes
44328 Nantes 02 51 13 21 51 **CFA privé**
www.formation-industries-paysde-laloire.fr
• Technicien(ne) supérieur(e) gestionnaire exploitant(e) de ressources informatiques. Durée 1 an. **A**

■ SA AH CRIC Association
31076 Toulouse 05 62 48 40 00 **CFA privé**
• Technicien(ne) supérieur(e) de support en informatique. Durée 2 ans. **A**

■ Sup Environnement Pissotte Groupe Etablières
85200 Pissotte 09 70 80 82 21 **Pr Hc**
www.etablieres.fr
• Diplôme européen d'études supérieures géomatique. Durée 9 mois. Coût total : 4 190 €.
• Technicien supérieur en système d'information géographique. Durée 1 an. **A**

■ Sup Management
85015 La Roche-sur-Yon 09 70 80 82 21
Pr Hc www.etablieres.fr
• Concepteur réalisateur web et digital. Durée 1 an. Coût total : 4 190 €.

■ Sup2i
38000 Grenoble 04 76 86 67 50 **Pr Hc**
www.sup2i.com
• Chargé de projets en systèmes informatiques appliqués. Durée 1 an après bac + 2. Coût total : 5 850 €.
• Concepteur développeur informatique. Durée 2 ans après bac + 2. Coût total : 11 000 €.
• Concepteur réalisateur web et digital. Durée 1 an après bac + 2. Coût total : 5 850 €.

■ SUPINFO
14000 Caen 01 53 35 97 00
Pr Hc www.supinfo.com,
35510 Cesson-Sévigné 01 53 35 97 00
Pr Hc www.supinfo.com,
38100 Grenoble 01 53 35 97 00
Pr Hc www.supinfo.com,
44800 Saint-Herblain 01 53 35 97 00
Pr Hc www.supinfo.com,
59000 Lille 01 53 35 97 00
Pr Hc lille.supinfo.com,
59300 Valenciennes 01 53 35 97 00
Pr Hc valenciennes.supinfo.com,
63000 Clermont-Ferrand 01 53 35 97 00
Pr Hc clermont-ferrand.supinfo.com/,
67400 Illkirch-Graffenstaden 01 53 35 97 00
Pr Hc www.supinfo.com/strasbourg,
75010 Paris 01 53 35 97 00 **Pr reconnu**
www.supinfo.com,
Campus de Guadeloupe 97139 Les Abymes
0811 570 600 **Pr Hc www.supinfo.com**,
97232 Le Lamentin 08 11 57 06 00
Pr Hc www.supinfo.com,
97490 Saint-Denis 02 62 28 79 01
Pr Hc www.supinfo.com
• Expert en informatique et systèmes d'information (SUPINFO). Durée 5 ans après le bac. Coût total : 30 500 €.

Pr Hc : privé hors contrat
Pr Sc : privé sous contrat
A : statut apprenti

http://

SITES UTILES

Pour compléter votre information sur les métiers et l'emploi dans le secteur informatique.

ORGANISMES PROFESSIONNELS ET ASSOCIATIONS

www.fafiec.fr
Site du Fafiec, organisme paritaire collecteur agréé des métiers du numérique, de l'ingénierie, du conseil, des études et des métiers de l'événement (études prospectives sur l'emploi).

http://observatoire-metiers.opiiec.fr
Site de l'Opiiec, observatoire des métiers du numérique, de l'ingénierie, des études et conseils et de l'événement (tendances de l'emploi et fiches métiers).

www.syntec-numerique.fr
Site du Syntec numérique, syndicat professionnel des entreprises du numérique : présentation du secteur, fiches métiers, revue de presse...

http://talentsdunumerique.com
Site d'information du Syntec numérique à destination des collégiens, lycéens, étudiants : décryptage du secteur, informations sur les métiers et les études en informatique, les stages et un blog pour partager ses expériences.

www.femmesdunumerique.com
Site du Syntec numérique consacré aux femmes dans le numérique (témoignages de professionnelles).

www.assopascaline.fr
Site de l'association Pasc@line, qui favorise les échanges entre les formations supérieures en informatique et les entreprises du numérique.

www.cigref.fr
Site du Cigref, réseau de grandes entreprises qui a pour mission de promouvoir la culture numérique dans les entreprises. On peut y consulter des fiches métiers.

http://cefcys.com
Site du Cercle des femmes de la cybersécurité.

https://munci.org
Site de l'association professionnelle des métiers de l'informatique, du Web et des télécommunications.

www.metiers.internet.gouv.fr
Site de l'Agence du numérique : informations sur les métiers du Web et les formations qui y préparent.

PRESSE ET RÉSEAU SPÉCIALISÉS

www.journaldunet.com
Site d'informations économiques avec une place importante donnée à l'économie et aux métiers liés aux nouvelles technologies.

www.lemondeinformatique.fr
Site du journal *Le Monde informatique* qui se consacre à l'informatique, aux télécommunications et aux nouvelles technologies.

http://pro.01net.com
Site d'informations sur l'informatique : dossiers et enquêtes d'actualité, portraits de professionnels, rubrique emploi.

http://fierdetredeveloppeur.org
Site d'un mouvement associatif lancé à l'initiative de développeurs pour promouvoir le métier : revue de presse, actualités, témoignages.

http://inmediats.fr
Site de six centres régionaux dédiés à la science et lieux de rencontre entre le public (notamment les 15-25 ans) et les professionnels (ingénieurs, chercheurs...) : des actualités sur la réalité virtuelle, les *serious games*, etc.

https://jd.apec.fr
Site de l'Apec (Association pour l'emploi des cadres) : informations sur les métiers, les salaires, et offres d'emploi destinées aux jeunes diplômés.

RESSOURCES ONISEP

Les pistes à explorer, proposées par l'Onisep, pour compléter votre information sur les métiers et les formations de l'informatique.

LES PUBLICATIONS

→ *Les métiers de l'électronique et de la robotique*, 2015
→ *Les métiers du Web*, 2015

Deux publications de la collection « Parcours » pour en savoir plus sur des secteurs proches de l'informatique.

→ *Écoles d'ingénieurs*, 2016.
→ *Écoles de commerce*, 2016.
→ *Classes prépa*, 2016.
→ *Université*, 2017.

Quatre publications de la collection « Dossiers » pour approfondir votre information : accès et spécialisations des écoles de commerce et d'ingénieurs ; programme de la licence d'informatique.

LES VIDÉOS

80 vidéos présentent les métiers et les formations de l'informatique. À regarder sur **oniseptv.onisep.fr**

À consulter au CDI des collèges et des lycées ou au CIO (centre d'information et d'orientation).
Également en vente sur **www.onisep.fr/lalibrairie**.

LE SITE

onisep.fr

Pour aller plus loin sur les filières de formation évoquées dans cette publication ou compléter votre carnet d'adresses des formations.

LES VIDÉOS

onisep tv

Des vidéos à découvrir autour des métiers de l'informatique sur **oniseptv.onisep.fr**.

UN SERVICE PERSONNALISÉ

onisep mon orientation en ligne.fr

Vous avez encore des interrogations après la lecture de cet ouvrage ? L'Onisep vous répond, avec trois possibilités de contact : par courrier électronique *via* **monorientationenligne.fr** ; par tchat ; par téléphone au 01 77 77 12 25 (appel non surtaxé) ; du lundi au vendredi, de 10 h à 20 h en métropole.

Info@

Rencontrer un conseiller

Pour réfléchir à votre orientation et recevoir une information personnalisée, n'hésitez pas à prendre rendez-vous dans le cadre de la permanence assurée dans les collèges et les lycées publics ou auprès d'un CIO (centre d'information et d'orientation).
Plus de 500 CIO : adresses sur **www.onisep.fr**.

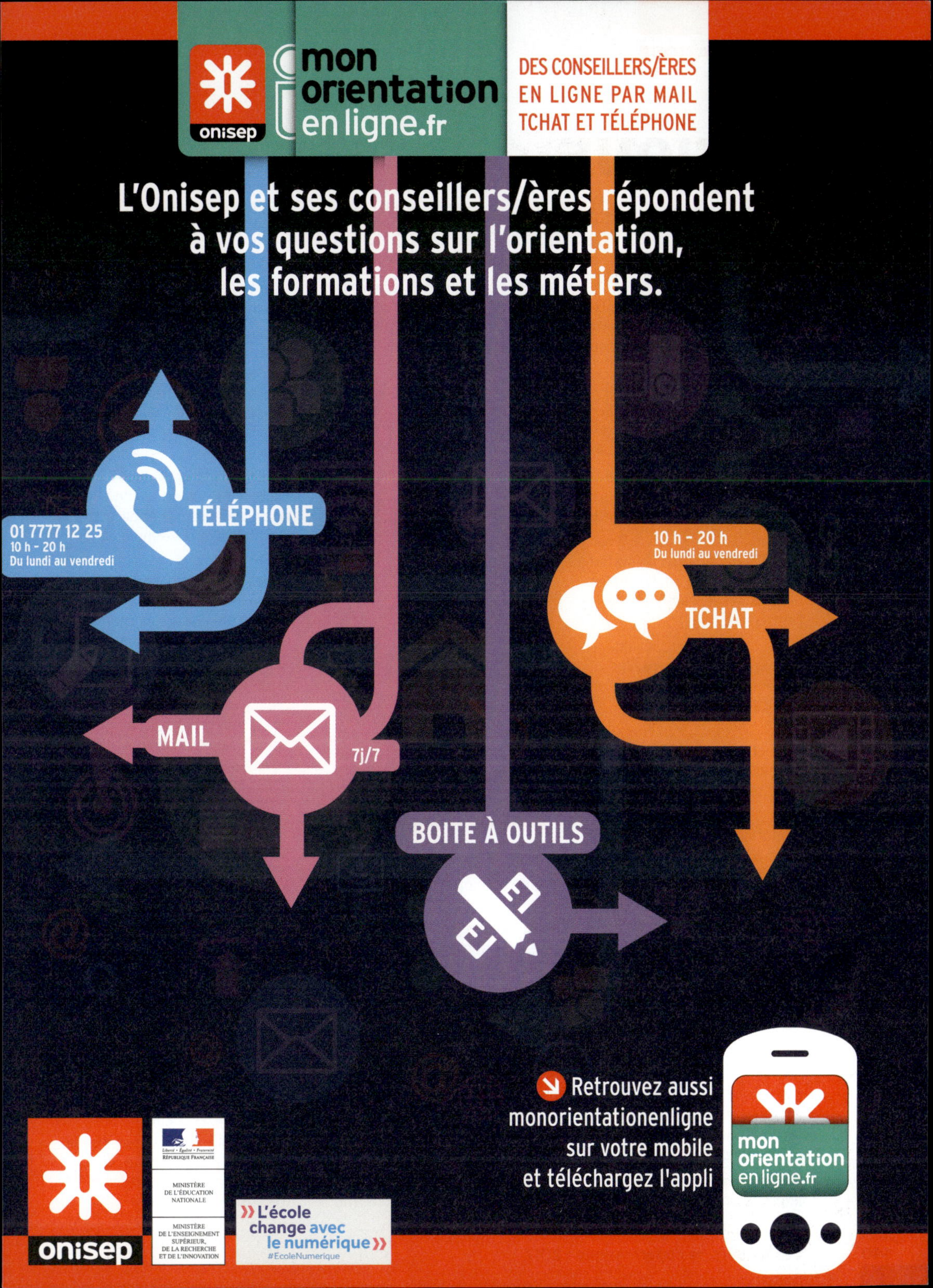

onisep
mon orientation en ligne.fr
DES CONSEILLERS/ÈRES EN LIGNE PAR MAIL TCHAT ET TÉLÉPHONE
L'Onisep et ses conseillers/ères répondent à vos questions sur l'orientation, les formations et les métiers.
TÉLÉPHONE
01 7777 12 25
10 h - 20 h
Du lundi au vendredi
MAIL
7j/7
BOITE À OUTILS
TCHAT
10 h - 20 h
Du lundi au vendredi
Retrouvez aussi monorientationenligne sur votre mobile et téléchargez l'appli
mon orientation en ligne.fr
onisep
Liberté • Égalité • Fraternité
RÉPUBLIQUE FRANÇAISE
MINISTÈRE DE L'ÉDUCATION NATIONALE
MINISTÈRE DE L'ENSEIGNEMENT SUPÉRIEUR, DE LA RECHERCHE ET DE L'INNOVATION
L'école change avec le numérique
#EcoleNumerique

LEXIQUE

Au fil de votre lecture, vous avez peut-être rencontré des termes spécifiques que vous ne connaissiez pas. Définitions.

Admissions parallèles: proposées à différents niveaux (surtout bac+2), elles permettent l'admission en école d'ingénieurs (sur concours) sans passer par une classe préparatoire.

Algorithme: suite d'instructions exprimant la structure logique d'un programme informatique.

Application mobile: logiciel téléchargeable et utilisable sur un smartphone ou une tablette.

Architecte fonctionnel: il participe à la définition d'un système d'information en analysant les besoins liés aux activités de l'entreprise.

Audit informatique: évaluation de la performance d'un système d'information ou d'une application.

Automatismes: systèmes permettant le fonctionnement de machines et d'installations sans intervention humaine.

Base de données: ensemble d'informations mises régulièrement à jour et reliées entre elles par des liens logiques.

Big data: données massives qui peuvent être analysées à des fins commerciales, de santé, de sécurité...

Bouton: zone de commande d'un programme symbolisée par l'expression OK ou un dessin.

Bug: défaut de conception d'un programme informatique.

Cahier des charges: document décrivant les caractéristiques et les fonctions auxquelles un produit ou un service doit répondre.

***Cloud computing* (ou *cloud*):** littéralement «informatique dans les nuages». Technologie permettant de transférer tout ou partie de ses équipements, applications informatiques et données chez un prestataire externe.

Crédit ECTS: les UE (unités d'enseignement) qui composent les BTS, DUT, licences et masters, sont validées par des crédits européens (ECTS) capitalisables et transférables d'une université à l'autre au sein de l'Espace européen.

Data center: site regroupant des installations informatiques chargées de stocker et de distribuer des données via un réseau interne ou Internet.

Data science: la science des données utilise les mathématiques, la statistique et l'informatique pour trier et analyser des données de masse *(big data)* afin d'en extraire des informations.

E-business: commerce électronique via Internet.

Entreprise de services du numérique (ESN): entreprise réalisant des missions de conseil et des projets à la demande d'entreprises.

Fonctionnalité: service rendu par une application informatique, par exemple l'édition de bulletins de paie.

Génie logiciel: conception, réalisation et maintenance de logiciels.

Infogérance: prise en charge par un prestataire de tout ou partie de la gestion du système d'information d'une entreprise.

Informatique décisionnelle: exploitation informatique et statistique d'informations afin de faciliter la prise de décision des dirigeants d'entreprises.

Informatique embarquée: conception de systèmes numériques autonomes participant au fonctionnement d'équipements (automobile, avionique...) ou d'objets (pacemaker, électroménager...).

Informatique graphique: traitement numérique en vue de développer une application interactive, par exemple un jeu vidéo.

Informatique industrielle: partie de l'informatique qui permet de piloter des chaînes de production, d'automatiser des rames de métro, etc.

Intelligence artificielle: programmes aptes à réaliser des tâches telles que l'interprétation d'images, la compréhension du langage parlé... Les applications concernent la robotique, les drones, l'aide au diagnostic médical...

Logiciel: ensemble de programmes qui permet à un ordinateur ou à un système informatique de réaliser une ou plusieurs tâches.

Objet connecté: raccordés à Internet, des objets du quotidien peuvent interagir avec un utiloisateur *via* son mobile.

Open source: programme informatique que l'on peut librement lire, modifier ou redistribuer.

PME: les petites et moyennes entreprises emploient de 20 à 249 salariés et réalisent un chiffre d'affaires annuel ne dépassant pas 50 millions d'euros.

Progiciel: logiciel standard permettant de gérer un ensemble de tâches, par exemple l'activité d'une pharmacie.

Programmation: écriture (on parle de codage), à l'aide de langages informatiques (Java, HTML, PHP...), de programmes qui seront exécutés par un ordinateur.

Réalité augmentée: superposition d'univers réels et d'informations ou d'images numériques avec lesquelles l'utilisateur peut interagir.

Réalité virtuelle: immersion dans un monde virtuel dans lequel il est possible de se déplacer et d'interagir.

Référencement: optimisation de l'audience d'un site Internet, notamment par l'adaptation des contenus.

Réseaux: ensemble d'équipements informatiques reliés entre eux pour échanger des informations.

RNCP: le Répertoire national des certifications professionnelles recense les diplômes, titres et certificats de qualification à finalité professionnelle qui sont délivrés par l'État ou par des organismes (sur avis d'une commission nationale). Il indique le niveau de la formation.

Robotique: reposant sur la mécanique, cette technologie associe l'électronique, l'informatique et les sciences de l'image en vue de concevoir et construire des robots.

Serious game: application interactive à vocation éducative.

Serveur: ordinateur qui permet le partage d'imprimantes ou de fichiers avec d'autres ordinateurs appelés clients.

Start-up : jeune entreprise à forte croissance potentielle.

Systèmes distribués (ou répartis): ensemble d'ordinateurs indépendants connectés en réseau. Ils peuvent ainsi échanger des informations et partager la réalisation de tâches ou la résolution de problèmes.

Système d'exploitation: ensemble de programmes assurant la liaison entre les fonctionnalités d'un ordinateur et les applications informatiques.

Système d'information (SI): ensemble des matériels, logiciels, données et personnels contribuant à l'acquisition, au stockage, au traitement et à la diffusion d'informations (textes, images, sons) au sein d'une organisation. Le système informatique se limite à la dimension technologique du système d'information (logiciels et infrastructures).

Systèmes temps réel: systèmes informatiques capables de traiter l'information dans des délais imposés. On les trouve dans les systèmes embarqués (pour l'aéronautique, l'automobile...), les jeux vidéo, les chaînes de montage industrielles...

Urbanisation: démarche permettant d'anticiper les évolutions qui impacteront un système d'information.

Veille technologique : quête permanente d'informations sur les innovations technologiques.

SIGLES DES FORMATIONS

ATS : adaptation technicien supérieur

BTS : brevet de technicien supérieur

CFA : centre de formation d'apprentis

DUT : diplôme universitaire de technologie

ES : (bac) économique et social

GEII : (DUT) génie électrique et informatique industrielle

IAE : institut d'administration des entreprises

ITII : institut des techniques d'ingénieur de l'industrie

IUT : institut universitaire de technologie

L : (bac) littéraire

MIAGE : (licence et master) méthodes informatiques appliquées à la gestion des entreprises

MIASHS : (licence et master) mathématiques et informatique appliquées aux sciences humaines et sociales

MP : (classe préparatoire) mathématiques et physique

PC : (classe préparatoire) physique et chimie

PSI : (classe préparatoire) physique et sciences de l'ingénieur

PT : (classe préparatoire) physique et technologie

S : (bac) scientifique

SIO : (BTS) services informatiques aux organisations

SISR : (option du BTS SIO) solutions d'infrastructure, systèmes et réseaux

SLAM : (option du BTS SIO) solutions logicielles et applications métiers

SN : (bac pro et BTS) systèmes numériques

STI2D : (bac) sciences et technologies de l'industrie et du développement durable

STID : (DUT) statistique et informatique décisionnelle

STMG : (bac) sciences et technologies du management et de la gestion

TD : travaux dirigés

TP : travaux pratiques

TSI : (classe préparatoire) technologie et sciences industrielles

INDEX

A

B

C

D

Info salaire

Les données salaires utilisées dans cette publication proviennent de différentes sources. Elles concernent le plus souvent le salaire des débutants. Selon les cas, les salaires sont exprimés en brut (avant prélèvement des cotisations sociales) ou en net (somme que le salarié touche à la fin du mois). Pour aider au repérage :

⊘ Salaire équivalent au Smic (salaire minimum) : 1480 € brut mensuels en 2017.
⊘⊘ Salaire de niveau intermédiaire pour le secteur.
⊘⊘⊘ Parmi les hauts niveaux de salaire du secteur.

onisep • **Office national d'information sur les enseignements et les professions • Ministère de l'Éducation nationale • Ministère de l'Enseignement supérieur, de la Recherche et de l'Innovation** • Publication de l'Onisep : © Onisep juillet 2017 • **Directeur de la publication :** Michel Quéré • **Directrice adjointe de la publication :** Marie-Claude Gusto • **ÉDITIONS CROSS-MÉDIA > Cheffe de département :** Sandrine Marcillaud-Authier • Adjointe : Stéphanie Desmond-Simon • Rédaction en chef : Nicole Mamigonian • Rédaction : Caroline Charron, Nicole Mamigonian, Sylvie Pelletreau, Lucie Simonel • Secrétariat de rédaction : Julien Retaillaud • Correction : Valérie Doineau • Administratrice technique éditoriale : Saliha Hamzic • **RESSOURCES DOCUMENTAIRES > Chef de département :** Gilles Foubert • Documentation : Hélène Ferron • Ingénierie documentaire : Françoise Brouxel • **FABRICATION > Cheffe de service :** Marie-Christine Jugeau • Photogravure : Key Graphic (Paris) • Imprimeur : Jouve, sur papier certifié PEFC • **STUDIO > Chef de service et direction artistique :** Bruno Delobelle • Maquette et mise en pages : Corine Dastot • Iconographie : Christelle Michelet • Reportage photo : Mehrak • Couverture : Cyril Lauret • **PROMOTION, COMMERCIALISATION ET DIFFUSION >** Onisep VPC - 12, mail Barthélemy-Thimonnier, CS 10450 Lognes, 77437 Marne-la-Vallée Cedex 2 • Internet : onisep.fr/lalibrairie • Relations clients : service_clients@onisep.fr • Diffusion-distribution Belin : 27301329 • Code de diffusion Onisep : 901329 • ISSN : code collection : 1765-9329 • ISBN papier : 978-2-273-01329-1 • ISBN numérique : 978-2-273-01339-0 • **PUBLICITÉ >** Mistral Média - 42, avenue Kléber, 75016 Paris • Tél. : 01 40 02 92 60 • Contacts : Directeur général : Luc Lehéricy (luc.lehericy@mistralmedia.fr) • Directeur commercial : Vivian Favro (vivian.favro@mistralmedia.fr) • Plan de classement Onisep : INF 1000 00 • Le kiosque : Informatique • Dépôt légal : juillet 2017 •